코기토 총서

세계사상의 고전

코기토 총서 049
세계사상의 고전

존재자와 일자

조반니 피코 델라 미란돌라 지음 | 안승훈 · 김은주 · 김들 옮김

도서출판 길

옮긴이 **안승훈**은 전남대 철학과 대학원에서 석사를, 같은 대학교 대학원에서 「18세기 독일 생명철학」으로 철학 박사 학위(2021)를 받았다. 주요 논문으로 「데카르트 『음악개론』에서 산술적 비례의 문제」, 「볼프의 목적론」, 「프리드리히 호프만의 기계론적 철학」, 「유기체 개념의 탄생–슈탈의 유기체 이론과 생명철학」, 「카스파 볼프의 후성설–본질력(vis essentialis) 개념을 중심으로」, 「플라톤과 아리스토텔레스의 조화 『존재자와 일자』에서 피코의 방법에 대한 분석」 등이 있으며, 현재 르네상스 시대 서유럽과 비잔티움의 철학과 의학사를 연구 중이다.

옮긴이 **김은주**는 전남대 철학과 대학원에서 석사를, 같은 대학교 대학원에서 「철학적 대화, 성찰 그리고 글쓰기: 플라톤 「제7서한」 연구」로 철학 박사 학위(2021)를 받았다. 플라톤 사유 속에서 '순간'의 역할에 관해 쓴 「플라톤 대화편에서 '순간'(ἐξαίφνης)의 의미 연구」로 2023년 대한철학회 학술상을 받았다. 주요 논문으로 「플라톤 「제7서한」 연구」, 「플라톤 「제7서한」에 대한 진위논쟁 연구」, 「피렌체의 플라톤과 아리스토텔레스」, 「피코 델라 미란돌라의 『존재자와 일자』 연구」, 「고대 그리스의 서간문학과 플라톤의 편지」, 「「제7서한」과 『국가』에 등장하는 수학적 대상과 인식방법: 변증술을 위한 서곡으로서의 수학」 등이 있으며, 현재 전남대 철학과 강사로 있다.

옮긴이 **김들**은 전남대 철학과와 같은 대학교 대학원 석사 과정을 졸업했다. 2023년 한국연구재단 박사과정생연구장려금 지원사업에 선정되어 '데카르트와 17세기 철학자들에게서 영혼 개념' 연구 과제를 수행했으며, 2024년 『철학논집 평론』(2023년 특별호)에 평론 논문으로 포함되었다. 논문으로 「『성찰』에 대한 반박과 데카르트의 대답에서 자기 원인(causa sui) 문제」가 있으며, 현재 같은 대학원에서 데카르트 자연학을 주제로 박사 학위 논문을 준비하고 있다.

코기토 총서 049
세계사상의 고전

존재자와 일자

2025년 12월 20일 제1판 제1쇄 인쇄
2025년 12월 31일 제1판 제1쇄 발행

지은이 | 조반니 피코 델라 미란돌라
옮긴이 | 안승훈 · 김은주 · 김들
펴낸이 | 박우정

기획 · 편집 | 이승우
전산 | 한향림

펴낸곳 | 도서출판 길
주소 | 06032 서울 강남구 도산대로 25길 16 우리빌딩 201호
전화 | 02) 595-3153　팩스 | 02) 595-3165
등록 | 1997년 6월 17일 제113호

ISBN: 978-89-6445-305-6 93100

르네상스 시대의 천재 철학자 조반니 피코 델라 미란돌라

이탈리아 르네상스의 황금기 당시, 그는 짧은 생애 동안이지만 철학, 신학, 문학을 넘나들면서 르네상스 인문주의의 정수를 보여 준 천재적 사상가였다. 특히 그는 플라톤 철학과 아리스토텔레스 철학의 조화로운 일치가 가능함을 보여 주고자 노력했는데, 그 결과물이 바로 『존재자와 일자』(*De ente et uno*)이다(그림: 크리스토파노 델 알티시모(Christofano dell'Altissimo, 1525~1605)의 「피코 델라 미란돌라 초상화」(16세기경)).

미란돌라 성(城)

피코는 1463년 2월 24일 이탈리아 북부 에밀리아-로마냐 지방의 모데나(Modena) 인근 미란돌라에서 귀족 가문의 일원으로 태어났다.

어린 시절부터 뛰어난 지적 능력을 보인 피코

아버지를 일찍 여의고 궁정 가정교사의 교육을 받은 그는, 어머니의 열망에 따라 종교적 교육을 받으며 자라났으며 14세 때 볼로냐 대학에 입학해 교회법을 공부했다(그림: 폴 들라로슈(Paul Delaroche, 1797~1856)의 「피코 델라 미란돌라의 어린 시절」(1842)).

피렌체 인문주의자 마르실리오 피치노, 크리스토포 란디노, 안젤로 폴리치아노(왼쪽부터)
1484년 르네상스의 중심지 피렌체로 이주한 그는 이곳에서 메디치 가문의 후원을 받으면서 피치노가 이끄는 플라톤 아카데미의 일원이 되어 당대 최고의 인문주의자들과 교류했다(그림: 도메니코 기를란다요(Domenico Ghirlandaio, 1448~94)의 「자카리아스에게 나타난 천사」(1486~90, 부분)).

피코의 후기 사상에 큰 영향을 준 지롤라모 사보나롤라
세상을 떠나기 2년 전, 피코는 사보나롤라의 설교에 깊은 감명을 받고 수도원 입회까지 결심했으나, 1494년 11월 17일 31세의 젊은 나이에 급서(急逝)했다(그림: 프라 바르톨로메오(Fra Bartolomeo, 1472~1517)의 「사보나롤라」(1498년경)).

피코를 사상적으로 압박한 교황 인노첸티우스 8세

1486년 첫 저서 『900 논제』(*Conclusiones*)를 통해 자신의 철학적 입장을 표명하려던 계획은 교황 인노첸티우스 8세에 의해 좌절되었는데, 추기경 위원회에서는 그의 900개 논제 가운데 7개를 이단으로 규정했다. 이 책의 서문으로 쓰인 『인간 존엄성에 관한 연설』(*Oratio de hominis dignitate*)은 르네상스 인문주의의 대표적 선언문으로 잘 알려져 있다.

피코를 사상적으로 후원한 로렌초 데 메디치

교황청으로부터의 이단 판정 이후 피코를 구하기 위해 많은 이가 노력했는데, 특히 메디치 가문의 로렌초는 교황청과의 중재에 적극적으로 나서 그를 석방하는 데 큰 기여를 했다. 더불어 로렌초는 피에졸레(Fiesole)에 별장을 마련해 주어 그의 집필 활동을 보장해 주었다(그림: 조르조 바자리(Giorgio Vasari, 1511~74)의 「로렌초 데 메디치 초상화」(1533~34)).

차례

존재자와 일자[1]

서문

며칠 전 당신은 로렌초 데 메디치께서 플라톤주의자들의 논변에 기대어 올해 당신이 직접 공개적으로 해설한 『윤리학』[2]의 저자인 아리스토텔레스를 논박하면서 '존재자와 일자'에 대해 당신과 논했던 것을 내게 이야기해 주었습니다. 만사에 적합한 이로 보일 만큼 다채롭고 빼어난 정신을 갖춘 분이시지요. 제가 그분께 특히나 경탄하는 것은 바로 그분이 언제나 공무에 눈코 뜰 새 없이 사로잡혀 있으면서도 너무나 한적한 듯, 늘 어떤 문헌적 사안을 이야기하거나 그에 대해 숙고한다는 점입니다. 또한 아리스토텔레스와 플라톤의 견해가 다르다고 여기

1 번역의 저본은 Giovanni Pico Della Mirandola, *Opera Omnia* (B), vol. 1, Basel, 1572, pp. 241~56이다. 필요한 경우에 ms. Hamilton을 기준으로 1496년 볼로냐 판본(G)과 1498년 베네치아 판본(V)을 참조한 Stephane Toussaint, 1995의 비판본과 Franco Bacchelli · Raphael Ebgi, 2010의 비판본을 참조했다.

2 1490~91년에 걸쳐 피렌체 스투디오(Studio)에서 있었던 안젤로 폴리치아노(Angelo Poliziano)의 『니코마코스 윤리학』 강연을 지칭한다.

는 이는 그 둘의 견해를 일치시키는 나의 견해와 달리 생각하기에, 이 사안에서 아리스토텔레스를 어떻게 변론할 수 있고 동시에 스승인 플라톤과 일치시킬 수 있을지에 대해 당신께서는 묻곤 하셨지요.[3] 저는 새로운 어떤 것을 주장하기보다 당신께서 논의 중에 로렌초께 응답한 것을 확인하면서 그때 제 머리에 떠오르는 것들을 말했습니다. 그런데 이것이 당신께 충분하지 않았지요. 제가 지금까지 계획하던 『플라톤과 아리스토텔레스의 일치』(*Platonis Aristotelisque Concordia*)[4]라는 저작 자체에서 이 사안들에 대해 더 상세히 기술하려 하고 있음에도, 우리 둘 모두 그 학식과 성품 때문에 총애하는 도메니코 베니비에니(Domenico Benivieni)[5]도 동석했던 그때 제가 당신 앞에서 이 문제에 대해 말했던 것을 짧은 본론으로 당신께 말해 주기를 요구하시니 말입니다. 하지만 제가 당신께 무엇을 거절할 수 있겠습니까? 특히나 문헌적 사안에서, 그것도 거의 떼려야 뗄 수 없는 벗에게 말입니다. 그렇지만 정화된 언어의 수호자인 당신께서는 아마도 라틴어 문법상 허용되지 않을 모종의 단어들을 제가 사용하더라도 허락해 주시기를 바랍니다. 하지만 그

3 플라톤과 아리스토텔레스의 비교 및 조화에 대한 문제는 고대에서부터 논의되던 주제였다. "다양한 주제, 복합적 논의, 풍부한 수사를 보여 주는 플라톤의 권위에 힘입어 단일하고 조화로운 철학 체계가 아카데미아학파와 소요학파라는 두 개의 명칭 아래 성립되었습니다. 이 두 학파는 실질적으로 일치하지만 이름은 달랐습니다. …… 이것은, 제가 말했듯이, 두 이름을 지녔지만 처음에는 하나였습니다. 소요학파와 구(舊) 아카데미아학파 사이에는 어떠한 차이도 없었기 때문입니다"(키케로, 『아카데미아학파』 I, 17). 특히 이 주제는 플레톤(Plethon)의 『플라톤과 아리스토텔레스의 차이』(*De Differentiis Platonis et Aristotelis*)와 이로부터 파생된 겐나디우스 스콜라리오스(Gennadius Scholarius)와 베사리온(Bessarion) 등의 비잔티움 학자들의 논쟁을 통해 15세기 이탈리아의 주요한 탐구 주제로 발전한다.

4 피코가 말년에 기획했던 작품이나 완성하지 못했다.

5 Domenico Benivieni, 1460?~1507: 논리학과 신학, 아리스토텔레스 연구 등으로 저명했으며, 지롤라모 사보나롤라(Girolamo Savonarola, 1452~98)의 강력한 옹호자였던 피렌체의 수사(修士)이다.

단어들은 대개 사안의 새로움과 어떤 필요성에 의해 나오는 것들이니, 더 우아한 문체가 주는 매혹을 찾지 마시기 바랍니다.[6] 마르쿠스 마닐리우스(Marcus Manilius)의 말처럼 "사안 자체에 장식은 필요치 않고, 내용이 가르쳐지면"[7] 〔됩니다〕. 우리가 가졌던 대화의 내용들을 제가 맞게 기억한다면 다음과 같습니다.

제1장 일자(一者)가 존재자보다 우월(superius)하다고 주장하는 플라톤주의자들의 논증들

아리스토텔레스는 여러 대목에서 존재자와 일자가 서로 상응하고 그 외연에 있어 동일하며,[8] 또한 참된 것과 좋은 것도 마찬가지라고 주장한다. 이에 대해서는 뒤에서 다루겠다.

---

6 피코는 에르몰라오 바르바로(Ermolao Barbaro, 1454~93)와 주고받은 한 편지에서 철학과 수사학이 별개의 문제임을 지적하면서 자신은 우아한 오류보다 조야한 문체의 철학을 더 선호한다고 밝힌다. "루크레티우스(Lucretius)는 사물의 원리가 원자와 진공이고, 신은 물체로서 우리의 일에 대해 무지하며, 만사는 입자들의 마주침에 의해 우연히 맹목적으로 일어난다고 말할 것이다. 하지만 그는 이를 라틴어로 우아하게(eleganter) 말할 것이다. 반면에 둔스 스코투스(Duns Scotus)는 본성상 존재하는 것은 자신의 질료와 형상으로 구성되고, 신은 분리된 정신이며, 만사를 알며 돌본다고 말할 것이다. …… 그러나 스코투스는 이를 무의미하고 조야하게, 그리고 라틴어가 아닌 말로 말할 것이다. 묻고 싶다. 둘 가운데 누가 더 훌륭한 시인이고 누가 더 훌륭한 철학자인지를 누가 의심하겠는가?"(Giovanni Pico della Mirandola, *Lettere*, Francesco Borghesi (ed.), Florenz, 2018, p. 98)

7 Marcus Manilius, *Astronomica*, III 39.

8 아리스토텔레스, 『형이상학』 1003b22 이하; 1030b10-12; 1054a13 이하; 1061a15-18 참조. Elija del Medigo, *Quaestio de esse et essentia et uno*, in: *Quaestio super octo libros physicorum Aristotelis*, Vendig, 1560, p. 639; "형이상학자가 고찰하는 일자(一者)는 존재자와 동의어(synonymum)이며, 철학자와 주석가가 말하는 유비적으로 진술된(dictum analogice) 일자는 존재자와 동일하고 오직 모종의 양태에서만(nisi quodammodo) 다를 뿐이다."

이와 반대로 아카데미아학파는 일자가 존재자보다 선행(prius)한다고 주장한다. 그런데 아카데미아학파는 '선행'이라는 말이 '더 단순'(simplicius)하고 '더 보편적'(communius)이라는 뜻으로 받아들여지기를 원했다. 그래서 그들은 최고의 단순성을 지닌 신은 하나인 분(unum)이지만, 그럼에도 존재자는 아니라고 주장한다.[9] 또한 그들은 만물의 제일질료, 즉 조야하고 아무런 형상도 없는 제일질료(prima materia)는 일자의 영역에는 포함되지만 존재자의 한계 바깥에 있다고 생각한다. 그리고 일자에 대립하는 것과 존재자에 대립하는 것이 같지 않다고 주장한다. 왜냐하면 존재자에 대립하는 것은 무(無, nihil)이며, 일자에 대립하는 것은 여럿(multitudo)이기 때문이다. 그러므로 그들은 〔존재자와 일자〕에 두 대립항이 상정될 수 있다는 바로 그 법칙[10]에 의해 존재자와 일자는 서로 치환될 수도, 서로 상응할 수도 없다고 간주한다.

제2장 존재자와 일자가 동등하다는 명제를 더 선호했음을 보여 주는 플라톤의 진술들

아카데미아학파가 기댄 논증을 논박하기에 앞서, 플라톤이 이 문제에 대해 어떻게 표현했는지를 분명히 드러내는 것은 무익하지 않을 것이다. 나는 존재자와 일자에 대해 플라톤이 논증하는 것을 두 곳에서 발견하는데, 이는 바로 『파르메니데스』(*Parmenides*)와 『소피스테스』

9 Giovanni Pico Della Mirandola, *Commento supra una canzona de amore*, I, 1; "〔플라톤주의자들은〕 신은 존재자가 아니라 모든 존재자의 기원(origo)이라고 말할 것이다."

10 a와 b가 동일하다면, a와 b의 대립인 O(a)와 O(b)의 관계도 동일하다. 그러나 존재자의 대립인 무(無)와 일자의 대립인 여럿은 동일하지 않기에, 존재자와 일자도 동일할 수 없다.

(*Sophistes*)이다.[11] 아카데미아학파는 플라톤이 두 대화편 모두에서 일자를 존재자보다 우위에 둔다고 주장하고 있다.[12]

그런데 이와 관련해 『파르메니데스』를 먼저 언급하자면, 이 대화편 전체에서는 어떤 것도 주장된 바 없고, 설혹 그런 주장이 있다고 하더라도 그런 교의(dogma)가 플라톤의 것이라고 치부하게 해 줄 그 어떤 것도 명확하게 발견되지 않는다. 분명히 우리는 이 대화편을 플라톤의 작품들 가운데 교의적 대화편에 속한다고 생각해서는 안 될 것이니, 이 책은 전체가 단지 변증술적 연습(exercitatio dialectica)에 지나지 않기 때문이다.[13] 우리의 견해와 대화편의 말들 자체는 상충하지도 않을뿐더러, 오히려 플라톤의 『파르메니데스』를 다른 의미로 해석하려 시도한 이들이 제기한 것보다 더 자의적이고 폭력적인 서술은 없다. 그러나 일단 일체의 해석은 생략하고 이 대화편이 어떻게 시작해서 어떤 방향으로 흘러 무엇을 약속하고 또 무엇을 완수하는지에 대해 대화편의 흐름(series) 자체를 살펴보자.

상황은 다음과 같다.[14] 소크라테스가 모든 것이 하나인 것인지, 존재하는 것은 여럿인지에 대한 논쟁에서 논의를 이데아에 관한 것으로 전

---

11 플라톤, 『파르메니데스』 137c 이하; 플라톤, 『소피스트』 236d 이하.

12 Marsilio Ficino, *Opera Omnia*, Basel, 1576, vol. II, p. 1285; "『파르메니데스』에서와 마찬가지로 존재자는 일자에 종속한다(subjicit)."; vol. II, p. 1287; "그런데 그는 『파르메니데스』에서 일자를 그 자체로 존재자와 섞지 말도록 금지한다. 그러므로 그는 일자가 으뜸가는 존재자보다 더 단순하고 우월하다고 판단하는 것이다."

13 플로티노스는 『파르메니데스』의 연습을 사물의 질서에 대한 교의로 해석한다. Plotinos, *Enneades*, V. 1, 8; "플라톤에 따른 파르메니데스는 더 정확히 진술하며, 더 고유한 의미에서의 일자인 첫 번째 일자(τὸ πρῶτον ἕν), '하나-여럿'(ἓν πολλά)인 두 번째 일자, 그리고 세 번째 일자인 '하나와 여럿'(ἓν καὶ πολλά)을 구별한다. 이렇게 그 또한 세 가지 자연에 대한 학설과 일치를 이룬다."

14 플라톤, 『파르메니데스』 127a-135c.

환하고 이에 대해 파르메니데스에게 많은 질문을 하자, 파르메니데스는 가장 고차원적 사안들을 정의하려는 정신의 열망과 성향이 마음에 든다고 대답하면서 이렇게 말한다.

> "그리고 또 너 자신에 집중하고, 특히 젊을 때 여러 사람이 무익하다고 여기는, 그래서 그들이 수다나 요설이라 부르는 능력을 더 열심히 연마하라. 그렇지 않으면 진리가 너로부터 달아날 것이다."[15]

그의 이 말이 변증술을 의도하고 있음은 모두에게 분명할 것인데, 이는 또한 그 이후에 나올 내용들에서도 명백히 드러난다. 이어서 소크라테스는 파르메니데스에게 다음과 같이 묻는다. "그 훈련의 방법이란 것이 무엇입니까, 파르메니데스?" 그러자 파르메니데스는 우선 그 방법이 제논(Zenon)에게 들었던 것이라고 대답한다. 그 후 이 사안을 더욱 자세히 가르쳐 주면서 그는 더 엄밀하고 예리하게 다음의 문제를 통찰할 것, 즉 어떤 무엇인가가 존재할 때 어떤 결과가 발생할지에 대해서만이 아니라 그것이 존재하지 않을 경우에는 어떤 결과가 발생할지에 대해서도 통찰할 것을 권고한다. 그 후 존재하거나 존재하지 않는다고 우리가 가정한 그 사물로부터 어떤 귀결이 그 자체로 혹은 다른 것과 관련해 나오는지, 또한 다른 선택항으로부터는 어떤 귀결이 그 자체로 혹은 다른 것과 관련해 나오는지 통찰할 것을 권고한다.[16] 그리고

15 플라톤, 『파르메니데스』 135d4; "ἕλκυσον δὲ σαυτὸν καὶ γύμνασαι μᾶλλον διὰ τῆς δοκούσης ἀχρήστου εἶναι καὶ καλουμένης ὑπὸ τῶν πολλῶν ἀδολεσχίας, ἕως ἔτι νέος εἶ: εἰ δὲ μή, σὲ διαφεύξεται ἡ ἀλήθεια"(caeterum collige, inquit, teipsum diligentiusque te, dum juvenis es, in ea facultate exerce, quae inutilis multis videtur).

16 플라톤, 『파르메니데스』 135e8-136a2.

파르메니데스가 이 명제에 대해 여러 가지 것을 설명하자, 소크라테스는 다음과 같이 말했다. "당신은 저에게 어려운 숙제를 내주시는군요. 게다가 나는 당신의 말을 전혀 이해할 수 없습니다. 왜 당신 스스로 무언가를 가정하고, 당신이 인정한 방법에 따라 그것을 고찰하지 않나요? 이를 통해 제가 그 문제에 대해 보다 분명히 이해할 수 있도록 말이죠."[17]

그러자 파르메니데스는 이 문제가 자신과 같이 노년이 된 이에게는 어려운 것이라고 대답했다. 그러자 〔함께 있던〕 제논이 파르메니데스가 소수의 사람만이 모였을 때 이 내용을 다루어야 한다고 말했다. 그렇지 않고 많은 사람이 모였을 때, 늙은이가 이런 종류의 문제를 다루는 것은 모양새가 더 좋지 않을 것이라고 제논은 말했다. 왜냐하면 이런 식으로 배회하면서 탐구하는 것이 진리에 도달하기 위해 필수적이라는 것을 아는 이는 극히 일부에 불과하기 때문이라는 것이다.

제논의 이 말들은 우리의 주장에 신빙성을 제공한다. 만약 우리가 제논의 말을 신뢰한다면, 파르메니데스가 다루려는 주제는 많은 이가 모인 곳에서 나이 든 이에 의해 공공연히 논의될 만한 그런 것은 아닌 것이다. 그런데 만약 아카데미아학파가 생각한 것처럼 이 대화의 내용이 신적 질서와 만물의 첫째 근거에 대한 것이라면, 그 어떤 연구가 〔이 주제보다〕 나이 든 이에게 더 적절하고 덜 부끄러울 수 있을 것이란 말인가? 우리가 스스로를 속이려는 것이 아니라면, 파르메니데스가 다루고자 했던 것은 다만 변증술적 문제라는 것, 그리고 소크라테스가 원했던 것도 이와 같다는 것은 명백하다. 하지만 제논은 그것이 노인의 과제라기보다는 젊은이에게 합당한 과제라고 판단했다. 만약 이러한 전거들

17 플라톤, 『파르메니데스』 136c6-8.

조차 믿을 수 없다면, 대화편 자체를 한 번 살펴보자. 그러면 우리는 그 어떤 것도 확언되지 않고, 다만 어떤 것이라면 어떤 귀결이 나오고, 아니라면 어떤 귀결이 나오는지 만을 도처에서 묻고 있을 뿐임을 알게 될 것이다.

그런데 아카데미아학파는 존재자와 일자에 대한 자신들의 의견을 위한 단초를 여기에서 포착했다. 왜냐하면 플라톤은 만약 모든 것이 하나의 것이라면, 어떤 결과가 도출되는지를 알기 위해 첫 번째 가정을 통해[18] 이 문제를 두고 연습하며, 우리가 존재한다고 가정했던 하나의 것은 분할 불가능(impartibile)하고, 무한(infinitum)하고, 그 어디에도 없을 것(nusquam sit)이라고 대답한 후에 그런 종류의 많은 귀결을 열거하고는 그 하나인 것이 존재자가 아닐 것이라는 점을 다른 귀결들 사이에 덧붙였기 때문이다.[19] 하지만 여기에서 논의되고 있는 것이 변증술적 연습이 아니라 존재자와 일자에 대한 교의라 하더라도 '일자가 존재자보다 우월하다'라는 주장과 '모든 것이 일자라면, 일자는 존재자가 아니라는 결과가 나온다'라는 주장 사이에 얼마나 큰 차이가 있는지를 주목하라. 『파르메니데스』에 대해서는 이것으로 충분하다.

그러나 분명히 플라톤은 『소피스테스』에서 이 주장과 관련해 '일자가 존재자보다 우월하다'라기보다는 오히려 '일자와 존재자가 동등하다'라고 말하고 있다. 왜냐하면 나는 그가 '일자가 존재자보다 우월하다'라고 전개하고 있는 부분을 발견하지 못했고, 오히려 그는 다음과 같은 말을 통해 존재자와 일자가 동등하다고 여러 곳에서 설명하고 있으니 말이다. "그렇게 숙고함으로써 그대는 '어떤 것'(aliquid)이라고 말

18 플라톤, 『파르메니데스』 137c; "만약 하나라면"(εἰ ἕν ἐστιν).

19 플라톤, 『파르메니데스』 141e-142a; "그러므로 하나는 결코 존재하지 않네"(οὐδαμῶς ἄρα ἔστι τὸ ἕν).

하는 사람은 반드시 '어떤 하나'(unum aliquid)를 말하고 있는 것일 수밖에 없음을 인정하는가."[20] 그러고는 말하기를, "'어떤 것'이라고 말하지 않는 사람은 반드시 '어떤 하나'도 말하고 있지 않으며, 따라서 '무'를 말하고 있음을 인정하는가."[21]

이것이 플라톤의 말이다. 따라서 플라톤에게서 '하나가 아닌 것'(non unum)은 '무'(nihil)와 동등하고 심지어 동일하며, 또 '일자'와 '어떤 것'도 동등하다. 그 후 플라톤은 '비존재자'(non ens)는 일자라고 말하는 것은 불가능함을 입증하고 다음과 같이 결론을 내린다. "존재자가 비존재자에게서 발생될 수 없다. 따라서 일자가 비존재자에게서 발생될 수 없다." 그런데 플라톤은 앞에서 이미 '어떤 것'과 동일한 것이라고 말했던 '일자'에 대해 이야기하고 있다. 따라서 플라톤은 일자가 존재자임이 분명하다고 생각하는 것으로 보인다.

그렇지만 플라톤이 실로 어디에서도 확언한 적이 없었던 생각을 확언하고 있다고 치자. 어떤 의미에서 실제로 그렇게 말할 수 있는 것인지를 우선 아리스토텔레스 주장에 대한 토대들을 지금까지의 방식대로 세움으로써 검토해 보자.

제3장 존재자 자체가 일자와 동일하고 모든 것을 포함한다고 여긴 아리스토텔레스가 존재자를 파악하는 방식

---

20 플라톤, 『소피스테스』 237d; "'어떤 것'을 말하는 자는 필연적으로 '어떤 하나'를 말한다는 점을 당신이 고찰하기에, 당신은 여기에 동의하는 것입니까?"(ἆρα τῇδε σκοπῶν σύμφης, ὡς ἀνάγκη τόν τι λέγοντα ἕν γέ τι λέγειν)

21 플라톤, 『소피스테스』 237e; "그래서 '어떤 것이 아닌 것'을 말하는 자는 '전혀 아닌 것'(μηδέν)을 말한다는 점이 필연적으로 보입니다"(τὸν δὲ δὴ μὴ τὶ λέγοντα ἀναγκαιότατον, ὡς ἔοικε, παντάπασι μηδὲν λέγειν).

일자와 동일한지 문제시되고 있는 '존재자'라는 용어(dictio)는 두 가지 방식으로 파악할 수 있다. 첫 번째 방식에 따라 우리는 무가 아닌 것(extra nihil)이라 생각하는 모든 것을 존재자로 부른다.[22] 아리스토텔레스는 이 방식을 사용해 존재자가 일자와 동일하다고 여겼다.[23] 그가 아무런 까닭 없이 이 용어를 사용했던 것은 아니다. 왜냐하면 사람들이 타당하게 말하듯이, 우리는 소수의 사람처럼 생각하고 다수의 사람처럼 말해야 하기 때문이다. 생각과 의견을 갖는 것은 우리의 일이지만 말을 하는 것은 타인들, 즉 다중을 위한 것이고, 따라서 우리는 이해시키기 위해 말하는 것이니 말이다. 그런데 서민(vulgus)과 일반 대중이 존재자를 파악한 바에 의하면, 존재(esse)가 결여되지 않고 진정 무(nihil)라고 진술할 수 없는 그 모든 것을 우리는 '존재자'라고 부른다. 그런데 반대 견해를 지닌 사람들[24]이 가장 지혜롭다고 평가하는 이들 역시 〔존재자라는〕 이 용어를 그렇게 사용했음을 우리는 발견할 수 있다. 파르메니데스가 '모든 것이 하나'(omnia esse unum)[25]라고 주장했다

22 아리스토텔레스, 조대호 옮김, 『형이상학』 1001a31; "왜냐하면 있는 것과 다른 것은 있는 것이 아니라 파르메니데스의 말대로 있는 것들은 모두 하나이며 바로 이것이 있는 것이라는 결론이 필연적으로 따라 나오기 때문이다"(τὸ γὰρ ἕτερον τοῦ ὄντος οὐκ ἔστιν, ὥστε κατὰ τὸν Παρμενίδου συμβαίνειν ἀνάγκη λόγον ἓν ἅπαντα εἶναι τὰ ὄντα καὶ τοῦτο εἶναι τὸ ὄν).

23 아리스토텔레스, 조대호 옮김, 『형이상학』 1003b22-26; "'있는 것'과 '하나'는, '원리'와 '원인'이 그렇듯이, 서로 따른다는 뜻에서는 동일한 것이요, 본성적으로 하나이다"(εἰ δὴ τὸ ὂν καὶ τὸ ἓν ταὐτὸν καὶ μία φύσις τῷ ἀκολουθεῖν ἀλλήλοις ὥσπερ ἀρχὴ καὶ αἴτιον).

24 일자가 존재자보다 우위에 있다고 주장하는 신플라톤주의자들을 지칭한다.

25 아리스토텔레스, 조대호 옮김, 『형이상학』 1001a33; "그래서 파르메니데스의 말에 따르면, 모든 존재자는 하나이고 그것은 존재자이다"(ὥστε κατὰ τὸν Παρμενίδου συμβαίνειν ἀνάγκη λόγον ἓν ἅπαντα εἶναι τὰ ὄντα καὶ τοῦτο εἶναι τὸ ὄν). 이에 대한 토마스 아퀴나스의 주해는 다음과 같다. Thomas Aquinas, *In Sententia libri Metaphysicae*, L. 3; "그러므로 존재자와 다른 것은 모두 존재하지 않는다. 그러므로

는 식으로 파르메니데스를 비방하는 자들에 맞서 그를 옹호하려 한 다른 많은 사람과 심플리키오스(Simplicius)를 신뢰한다면, 파르메니데스가 피타고라스주의자로서 '일자란 존재하는 것'(unum esse id quod est)이라고 말했을 때 그가 염두에 두었던 것은 '신'(Deus)이었기 때문이다.[26] 즉 그들은 파르메니데스가 사물들 속에 분할도, 다수도, 복수성도 없다고 믿었던 적이 결코 없으며, 오히려 그것들을 자신의 시(詩) 어느 대목에서 분명하게 인정한다고 한목소리를 낸다. 그런데 파르메니데스가 '존재하는 것은 하나다'(unum est quod est)라고 말했을 때, 그가 지칭했던 것은 '존재자'라는 명칭(appellatio)에 참으로 어울리며, 실제로 오직 하나의 존재(unum esse)인 것으로서 그 일자는 곧 신이다. 따라서 우리가 파르메니데스와 심지어 플라톤주의자이기도 한 파르메니데스의 옹호자들을 신뢰한다면, 일자는 그것이 신보다 우위에 있지 않는 한에서 존재자보다 우위에 있을 수 없다. 그리고 파르메니데스는 신이 존재자라는 것을 부정하기는커녕 오히려 존재자라는 명칭을 오직 신에게만 참된 것으로 인정했다. 이런 식으로 우리는 플라톤주의자들의 첫 번째 논증의 해답을 지나는 길에(obiter) 조우하게 된다.[27]

파르메니데스의 견해에 따르면, 일자가 아닌 것은 모두 비존재자(non ens)이다. 따라서 모든 것은 하나일 수밖에 없다"(Sed quidquid est diversum ab ente non est; ergo sequeretur secundum rationem Parmenidis, quod quicquid est praeter unum sit non ens. Et ita necesse erit omnia esse unum).

26 Simplicius, *In Physicorum*, Hermann Diels (ed.), Berlin, 1882, I 147 이하; "그런데 그가 만일 그것을 단적으로 '하나'(ἕν)라 부르지 않고 '한 존재'(ἓν ὄν)라 부르고, 또 '유일하다'(μονογενές)라고 부르면서 한계(πέρας)가 '완성되었다면'(τετελεσμενον), 만물의 말할 수 없는 원인이 그것을 넘어서 있음이 이내 분명해진다"(εἰ δὲ μὴ ἁπλῶς ἓν αὐτό, ἀλλὰ ἓν ὂν εἶπε, καὶ εἰ "μονογενές", καὶ εἰ πέρας μὲν "τετελεσμενον" δέ, τάχα ἐνδείκνυται τὴν ἄρρητον τῶν πάντων αἰτίαν ὑπὲρ αὐτὸ ἱδρῦσθαι).

27 Franco Bacchelli · Raphael Ebgi, 2010에 따르면, 피코는 ms. Hamilton 438의 구석에 다음과 같은 말을 추가했다. "존재자라는 이름보다 우월한 일자라는 명칭을 신에

그런데 우리를 논박하는 자들이 자신들의 주장을 뒷받침하는 인물로 여기는 디오니시우스 아레오파기타(Dionysius Areopagita) 역시 신이 모세에게 "나는 존재하는 자이다"(ego sum qui sum)라고 말했다는 것을 부정하지 않을 것인데,[28] 이는 그리스어로 "ἐγώ εἰμι ὁ ὤν", 즉 "나는 존재자이다"라는 말이다. 심지어 우리를 논박하는 이들조차 다수가 일자에 대립하듯이, 무 혹은 비존재자(non ens)가 존재자에 대립한다고 말함으로써 일자가 아닌 것이 다수이고 복수자(multum)인 것처럼 존재자가 아닌 것은 무 혹은 비존재자일 수밖에 없다고 생각한다. 따라서 그들이 동일한 진술 법칙을 지킬 경우에 신은 무이거나 (이는 듣기조차 무섭다) 존재자라고 인정할 수밖에 없다.

존재자를 이러한 방식으로 파악할 경우, 어떤 사물에 대해서든 간에 반드시 그것이 존재하거나 존재하지 않는다고 말해야 하지만, 우리는 그 둘을 동시에 진술하거나 생각할 수는 없다는 명제를 으뜸가는 공리

게 부여해야 하지만, 존재자라는 명칭을 부여해서는 안 된다는 식의 교의에 동의하지 않는 이들은 바로 그 플라톤주의자들 사이에도 있었다. 위대한 플라톤주의자인 황제 율리아누스(Julianus)도 존재자라는 별칭은 그 무엇보다 신에게 가장 어울린다고 주장하기 때문이다. 플레톤(Plethon)이 베사리온의 문제들을 해결해 낸 책에서 플레톤의 견해 역시 율리아누스와 다르지 않았다"(Quin et inter ipsos etiam Platonicos sint quibus dogma illud non placeat, unius scilicet appellationem, quae entis nomine sit superior, Deo attribuendam, non autem entis. Nam et Iulianus Augustus magnus inter Platonicos, nulli ait magis entis cognomen convenire quam Deo, et a Iuliano non dissentit Gemistus, in eo libro in quo Bessarionis questiones dissolvit).

28 Dionysius Areopagita, *De Divinis Nominibus*, I. 6 참조. P. R. Blum 등에 의하면, 이 대목에서 피코는 부정신학의 대변인인 디오니시우스 아레오파기타의 주장을 존재자가 신의 술어가 된다는 아리스토텔레스화된 주장과 합치해 양립 가능하게 하려는 절충주의적 해석을 시도한다. Giovanni Pico Della Mirandola, *Über das Seiende und das Eine-De ente et uno*, Heraus., übersetzt und kommnt. von P. R. Blum, G. Damschen, Lateinisch-Deutsch, Hamburg: Felix Meiner Verlag, 2006, n. 27(이하 P. R. Blum의 독일어-라틴어 역주와 해제는 P. R. Blum으로 표기한다).

이자 보편적 명제로 정립하게 된다. 그러므로 모든 것을 제외하면 무 자체 이외에 그 무엇도 없으므로 이상의 방식에 따라 존재자가 오직 무만을 배제한다고(=그 무엇도 배제하지 않는다고) 파악할 경우, 의심의 여지없이 존재자는 모든 것을 포괄할 수밖에 없다. 그러므로 일자가 존재자보다 외연이 넓어지기 위해서는 그 자신이 무를 포함해야만 하는데, 이는 플라톤이 『소피스테스』[29]에서 비존재자나 무는 하나라고 부를 수 없다면서 부정했던 바이다. 그러나 플라톤주의자들의 견해처럼 일자의 외연 역시 더 작지 않다. 그러므로 존재자와 일자는 동일하다.

제4장 어떻게 '어떤 것'(aliquid)이 '존재자'(ens)보다 우월하다고 말할 수 있는가

존재자를 파악하는 방식으로 우리가 말해 왔던 것 가운데 하나의 방식을 설명했다. 그 방식을 올바르게 사용한다면 "그 무엇도 존재자보다 더 보편적이지 않다"(nihil esse ente communius)라고 지극히 참된 방식으로 주장하게 될 것이다. 우리는 다른 방식 하나를 더 설명해야 한다. 그 방식에 따르면, 그럼에도 존재자의 탁월함보다 우월하게 자리한 '어떤 것'이 있다고 분명코 참되게 주장할 수 있을 것이다.

이름 가운데 어떤 것은 구체적(concretum)이고, 어떤 것은 추상적(abstractum)이다. '구체적'인 것은 '뜨거운 것'(calidum), '빛나는 것'(lucens), '윤나는 것'(candidum), '인간'(homo)과 같은 것들이며, '추상적'인 것은 '열'(calor), '빛'(lux), '윤기'(candor), '인간성'(humanitas)과 같은 것들이다. 이들 이름의 특징(vis)과 차이는 다음과 같은 점에 존립

29 플라톤, 『소피스테스』 237d-e.

한다. '추상적'이라고 불리는 것은 다른 것에 의해서(ab alio)가 아니라 '그 자체로(a se) 그러한 것'을 표시하며, 반대로 '구체적'이라고 불리는 것은 그 자체에 의해서가 아니라 '다른 것으로 인해(alterius beneficio) 그러한 것'을 의미한다. '빛나는 것'은 '빛'으로 인해 빛나고, '윤나는 것'은 '윤기'로 인해 윤나는 것이며, '인간'은 '인간성'에 의해 인간이 된다.

그런데 그 무엇도 자기 자신에 참여(participat)할 수는 없고[30] 동일한 사물이 동일한 성질을 그 자체로 가지면서 동시에 다른 것에 참여함으로써 갖기란 불가능하므로,[31] '추상적'이라고 불리는 것들은 구체적인 것으로부터 파생되어 명명(denominari)될 수 없음이 귀결된다. 따라서 "윤기가 윤난다", "검음은 검다"와 같은 식의 진술은 적합하지 못하다. 더욱이 '윤기가 윤난다', '검음은 검다'와 같은 방식으로 진술하는 자는 우스꽝스러울 것이다. 그 이유인즉, 윤기가 검고 열은 차가워서가 아니라 윤기는 검음과 대단히 다르고, 열은 차가움과 대단히 달라 모든 윤나는 것은 이 윤기로 인해 윤이 나고, 모든 뜨거운 것은 이 열에 참여함으로써 뜨겁기 때문이다.

그러므로 어떤 특정 성질이 어떤 사물에 속한다는 것을 우리가 부정

---

30 플라톤, 『파르메니데스』 130b1-2: '형상(eidos) 자체와 그 형상에 참여하는 것(metekhonton)의 구별(khōris)'. P. R. Blum 등에 의하면, 플라톤은 형상을 형용사를 중성화해 표현하지만(αὐτὸ τὸ καλόν), 피코는 추상화된 명사(calor, lux, humanitas)로 표현하면서 형용사를 철저히 형상에 대한 참여를 표현하는 술어로 사용한다. 따라서 피코에게 '흼은 희다'와 같은 표현은 불가능하게 된다. 이는 흼이 흼 자체에 참여한다는 진술인데, 그 무엇도 자기 자신에게 참여할 수 없기에 불가능한 진술이다. P. R. Blum, n. 35.

31 "흼은 희다"라는 진술이 가능할 경우에, 그 '흼'(1)은 그 자체로 흰 다른 것, 즉 '흼'(2) 그 자체에 참여함으로써 '희다'는 성질을 갖게 될 것이다. 그러나 이는 모순이다. '희다'는 동일한 성질이 그 자체로 '흼'(2)에 속하는 것이 되면서 동시에 다른 것에 참여함으로써 '흼'(1)에 속하는 성질이 되어 버리기 때문이다.

하는 것은 "검은 것이 희지 않다"라고 말할 때처럼 그 사물이 그 성질을 갖지 않기 때문이거나 혹은 "사물이 성질을 가지고 있다"라고 우리가 〔일상적으로〕 말할 때보다 개념과 의미에서 더 완전하고 월등하게 그 사물이 〔속성을〕 가지고 있기 때문이다. 예컨대, 우리가 '흼이 하얗다'라는 것을 부정하는 것은 흼이 검기 때문이 아니다. 흼은 하얗기 때문에 ("흼을 가지고 있기 때문에"와 동일한 말이다) 검지 않을 뿐만 아니라 그 자체로 흼이기 때문에 검지 않은 것이다.

우리의 문제로 넘어가자. 존재자에는 구체적인 이름의 측면이 있다. '존재자'와 '존재하는 것'(id quod est)은 같은 말이기 때문이다. 그것을 추상화한 것이 바로 '존재'(esse)인 것처럼 여겨지니, 마치 '빛'에 참여하는 것을 '빛나는 것'이라 부르고 '봄 자체'(ipsum vedere)를 지니는(inesse) 것을 '보는 것'(videns)이라 하는 것처럼 '존재 자체'(ipsum esse)에 참여하는 것이 존재자(ens)이다.

이상에서와 같은 존재자의 정확한 의미(significantia)를 고려한다면, 비존재자와 무뿐만 아니라 존재 자체, 즉 자기에 의해(a se) 자기로부터(ex se) 존재하고 그것에 참여함으로써 모든 것이 존재하게 되는 그런 존재 자체도 존재자가 아니라고 여겨야 할 것이다. 이는 열이 결여된 것뿐만 아니라 그 자체로 열인 것도 뜨거운 것이 아니라고 판단하는 것과 마찬가지이다. 그런데 그런 존재 자체는 존재 전체의 충만(totius esse plenitudo)이자 유일하게 자기 자신에 의해 존재하는 자이며, 그 어떤 매개의 개입 없이 오직 그로부터만 만물이 존재로 나아가는 원천인 신이다.

그러므로 우리는 이러한 논변에 따라 신은 존재자가 아니라 존재자보다 우월하며, 또한 존재자보다 우월한 어떤 것(aliquid)이 있으니 그것이 바로 신이라고 정당하게 주장할 수 있을 것이다. 그 신에게는 '하나님'(unus/unum)이라는 명칭이 있으므로, 이로부터 우리는 일자가 존재자보다 우월함을 인정할 수 있게 된다.

하지만 이렇게 신을 일자라고 부르는 것은 신이 무엇인지(quid sit)를 서술하는 것이 아니라 오히려 그가 어떻게 존재하는 모든 것(quomodo sit omnia quae est)이며, 또한 어떻게 다른 것들이 신 그 자신에 의해 존재하는지 서술하려는 것일 뿐이다. 디오니시우스 아레오파기타가 말하기를, "신은 일자라고 불린다. 왜냐하면 단일하게(unice) 그가 만물이기 때문이다".[32] 그리고 "신은 일자라고 불린다. 왜냐하면 모든 수의 원리가 단일성(unitas)인 것처럼 신은 존재하는 모든 것의 원리이기 때문이다".[33] 따라서 아카데미아학파[34]가 생각한 것처럼 만약 플라톤이 『파르메니데스』의 첫 번째 가정에서 일자가 존재자보다 우월하다고 주장한 것이라면, 그 일자는 다름 아닌 신일 것이다. 그리고 이는 아카데미아학파 또한 플라톤이 이 대목에서 만물의 제일원리에 대해 다루는 것이라고 주장함으로써 한목소리로 직접 인정한 것이다.

하지만 누군가는 적어도 이 대목에서 플라톤과 아리스토텔레스가 불화(不和)한다고 말할 수도 있을 것이다. 아리스토텔레스는 플라톤이 했던 것처럼 존재자가 일자 아래에 있고 신을 포함하지 않는다는 식으로 존재자를 파악한 바가 없기 때문이라는 것이다. 그러나 이러한 주장을 펼치는 이들은 아리스토텔레스를 읽지 않은 자들이다. 왜냐하면 아리스토텔레스 또한 스스로 이러한 주장을 펼치면서, 그것도 이를 플라톤보다 훨씬 명확하게 주장하기 때문이다.

아리스토텔레스는 『형이상학』 제6권에서 존재자가 '존재자 자체'

---

32 Dionysius Areopagita, *De Divinis Nominibus*, I. 7.

33 Dionysius Areopagita, *De Divinis Nominibus*, V. 6.

34 앞의 주 4 참조.

(ens per se)와 '우유적 존재자'(ens per accidens)로 나뉠 수 있으며, 다시 존재자 자체는 10개의 범주로 나뉜다고 말하기 때문이다.[35] 그런데 훌륭한 해석자들이 보기에 이러한 존재자〔의 분류에〕 신이 포함될 수 없다는 것에는 의심의 여지가 없다. 신은 우유적 존재자도 아니고 존재자 자체를 분류한 10개의 범주에도 포함되지 않기 때문이다. 또한 존재자를 실체와 우유성으로 나누는 분할 방식은 소요학파 사이에서 널리 퍼져 있다. 그렇기에 우리는 신이 존재자보다 우월하며, 또한 존재자보다 열등하지 않다고 파악해야 하는 바, 이것은 토마스 아퀴나스가 『명제집 주해』 제1권에서 가르쳤던 것이다.[36]

35 아리스토텔레스, 『형이상학』 1026a 33 이하.

36 Thomas Aquinas, *Scriptum super Sententiis*, lib. I, d. XIX, q. 4, a. 1; 안토니오 치타디니(Antonio Cittadini)는 피코가 합성된 존재자(ens complexum)의 분할 방식에 대한 논의를 신에 대한 논의로 무리하게 확대 적용한다고 비판한다. 치타디니에 따르면, 신은 실체와 우유성의 분할에 포함되는 실체이다. Antonio Cittadini, "Primae Obiectiones Antonioni Faventini adversus Libellum De Uno et Ente", in: Franco Bacchelli · Raphael Ebgi, 2010, pp. 276~80; "그런데 피코가 플라톤에 의거해 신이 존재자가 아니라는 것을 옹호하려 했을 뿐만 아니라 아리스토텔레스마저도 바로 그 견해로 끌어들인다는 사실은 더 놀라울 수 있겠습니다. 그의 말에 의하면, 『형이상학』 제5권에서 아리스토텔레스는 존재자를 존재자 자체(ens per se)와 우유적 존재자(ens per accidens)로 구별하면서 존재자 자체를 10개의 범주(praedicamenta)로 구별합니다. 하지만 그는 주장하기를, 신은 그 어떤 범주(genus)에도 들어갈 수 없으니, 그는 이를 복자 토마스(beatus Thomas)가 이미 증명했다고 생각합니다. 그러므로 아리스토텔레스의 주장처럼 만약 신이 존재자 자체도 아니고 우유적 존재자도 아니라면, 신은 존재자가 아님은 분명할 것입니다. 게다가 가장 통속적 분류에 따르면, 존재자는 실체와 우유성으로 나뉩니다. 그런데 신은 우유성도 아니고 실체도 아닙니다. 그의 주장에 의하면 실체는 범주이며, 신은 모든 범주의 한계를 초월하기 때문입니다. 하지만 설혹 그것이 플라톤의 견해라 할지라도, 이 책의 저자가 어떤 논증에 이끌려 우리의 아리스토텔레스를 플라톤의 의견에 귀속시킬 수 있었는지는 모르겠습니다. 존재자를 존재자 자체와 우유적 존재자로 나누는 분할 방식은, 그가 많은 권위를 부여했던 복자 토마스가 해당 대목에서 정교하게 기술했던 것처럼 합성된 존재자(ens complexum)의 분할 방식이니 말입니다. 이러한 점은 바로 다음과 같은 사례들을 통해 분명히 드러납니다. 아리스토텔레스에 따르면, 우유적 존재자에는 세 가지

나는 어떤 플라톤주의자들이 신의 고유한 명칭이 '하나인 분'과 '좋은 분'(bonus/bonum)이라는 둘이며, 그래서 좋은 것과 일자가 존재자보다 우선한다고 말함으로써 그들이 아리스토텔레스는 몰랐던 비밀을 갖고 있다고 부당하게 으스댄다는 점을 덧붙이고자 한다. 신이 존재자보다 우월한 것으로 인식될 수 있는 방식을 소요학파가 알았음을 우리가 밝혔듯이, 우리는 '좋은 것'과 '일자'라는 이 이름을 신에게 부여했던 최초의 사람들 가운데 하나가 바로 아리스토텔레스임 역시 마찬가지로 밝힐 수 있기 때문이다.

왜냐하면 『형이상학』 제12권[37]에서 그는 일체의 존재자와 분리된 정신에 대해 다룬 이후에, 만사를 제쳐놓고 오직 신의 속성을 탐구하는 데 집중하려는 듯 물음을 던지기 때문이다. 그는 군대 〔전체〕에 있듯이

종류(기체에 대해 서술되는 우유성, 우유성에 대해 서술되는 기체, 우유성에 대해 서술되는 우유성)가 있는데, 이 모두는 합성된 존재자와 연관됩니다. 마찬가지로 실체, 양 혹은 다른 범주(genus)에 속하는 어떤 것이 존재자에 대한 술어가 되는데, 술어가 되는 것이 기체에 그 자체로 부합할 경우에 그 존재자는 '자체'(per se)라고 불립니다. '흼'(album)이 소크라테스에 그 자체로 부합하지만 인간에 부합하지 않고, 동물이 말에 부합하는 것이 바로 그러한 경우입니다. 그런데 존재자를 실체와 우유성으로 분할하는 방식에는 신 또한 포함됩니다. 그것은 긍정(affirmatio)과 부정(negatio)을 통해 이루어지는 분할이기 때문입니다. 실체는 그 무엇에도 의존하지 않고 그 자체로 존재하는 것인 반면, 우유성은 기체(subjectum)와 같은 다른 것 속에 존재하는 것인데, 이것들 사이에는 어떤 중간항(medium)도 없으니까요. 복자 토마스의 견해처럼 '실체를 가짐'(habere substantiam)과 '갖지 않음' 사이에는 어떤 중간(medietas)도 생각할 수 없기 때문입니다. 따라서 실체는 우유성에 대립(opposita)하는 것이지만, 신이 어떤 범주(genus)에도 포함되지 않는다면 실체는 범주가 아닐 것입니다. 더욱이 신이 그 자체로 어떤 범주에도 포함되지 않는다는 것이 의심의 여지없이 아리스토텔레스의 견해인 것도 아닙니다. 신이 그 자체로 범주 속에 자리한다고 생각한 몇몇 아리스토텔레스주의자가 존재하거니와, 제 생각에는 저명한 철학자인 보에티우스(Boethius)의 견해 역시 마찬가지였을 것입니다. 만약 그럴 필요가 있었더라면, 보에티우스의 주장으로부터 또한 아우구스티누스의 주장으로부터 그런 결론을 분명하게 얻어 낼 수 있음을 제가 증명해 냈을 것입니다."

37 아리스토텔레스, 『형이상학』 1075a10-12.

존재자 전체에 있는 좋음 이외에, 그 군대를 이끄는 지휘관에게 있는 좋음과 같이 어떤 분리된 좋은 것이 있는지를 묻고는 그 좋은 것이 신이라고 규정하기 때문이다. 이어서 그는 동일한 장(章)에서 〔신의〕 단일성을 입증하고 훌륭한 논변을 제시한 이후, 이에 대한 증거로 다음과 같은 호메로스(Homeros)의 유명한 말을 인용한다. "지도자는 오직 하나만 있으라, 오직 하나의 왕"(εἷς κοίρανος ἔστω, εἷς βασιλεύς).[38] 그러니 그가 어디에서 틀렸단 말인가? 아리스토텔레스는 어디에서 플라톤과 불화한다는 말인가? 어디에서 불경하다는 것인가? 대체 어디에서 신에 대해 마땅히 그래야 할 것보다 덜 경건하다는 말인가?

제5장 플라톤주의자들이 부정한 많은 것을 소요학파가 신에게 부여했던 근거, 그리고 네 단계를 거쳐 신이 거주하는 구름[39]으로 나아갈 수 있는 방법

이제부터는 우리가 동의하는 그러한 방식이 아니라 철저히 아리스토텔레스에 반하는 방식으로 일자가 존재자보다 우월하다고 간주했던 플라톤주의자들의 논증을 분석할 것이다. 앞서 신은 일자이지만 존재자는 아니라는 주장에 대한 첫 번째 논증을 분석했다. 그러나 플라톤주

38 호메로스, 『일리아스』 II 204; "많은 법은 좋지 않으니, 오직 하나의 지도자, 오직 하나의 왕이 있을지어라"(οὐκ ἀγαθὸν πολυκοιρανίη: εἷς κοίρανος ἔστω, εἷς βασιλεύς). 아리스토텔레스, 『형이상학』 1076a3-4에서는 뒷부분만을 따로 인용한다.

39 ad caliginem: 「시편」 17, 10-12; "하늘을 기울여 내려오시니, 시꺼먼 **구름**이 발 아래 감돌았나이다. 케루빔을 타고 날으시며, 바람의 날개 위를 지치셨나이다. 어둠을 면사포로 두르옵시고, 검은 물 자욱한 구름을 덮개 삼으셨나이다"(Inclinavit caelos et descendit, et **caligo** sub pedibus eius. Et ascendit super cherub et volavit, ferebatur super pennas ventorum. Et posuit tenebras latibulum suum, in circuitu eius tabernaculum eius, tenebrosa aqua, nubes aeris).

의자나 소요학파와 같은 여러 사람뿐만 아니라 동일한 저자가 신에게 서로 다른 여러 가지 것을 타당하게 긍정하면서도 동시에 타당하게 부정할 수 있는 까닭을 밝히기 위해 더 넓은 주제로 〔다소〕 벗어나는 것은 가치 있는 일이라 하겠다.

신은 만물(omnia)인데, 그것도 가장 탁월하고 가장 완전한 방식으로 만물이다. 이는 신이 사물들 속에 있는 일체의 불완전성을 배제하면서 모든 완전성만을 포함할 때라야 가능하다. 그런데 존재하는 것들의 불완전성의 방식은 두 가지로 정의할 수 있다. 우선 한 사물 속에 있는 어떤 것이 그 사물이 속한 종(genus)의 완전성에 이르지 못한 경우가 첫 번째 방식이다. 또 다른 방식은 한 사물에 있는 어떤 것이 자신이 속한 종의 완전성은 지니고 있지만 단적으로 완전하지 못한 경우이다. 왜냐하면 그것은 단지 한 종의 완전성만을 가지고 있을 뿐, 그 종에 포함되지 않는 고유한 완전성을 갖춘 여러 종이 그 종 이외에도 있기 때문이다.

첫 번째 경우에 대한 사례는 이렇다. 감각적 인식은 불완전하다. 그것은 단지 인식에 불과할 뿐 욕구는 아닐뿐더러, 〔그마저도〕 불완전한 인식일 뿐이다. 〔그것이 불완전한 까닭은〕 한편으로 감각적 인식을 위해서는 동물적이고 신체적인 기관이 필요하고, 다른 한편으로는 그것은 사물의 외면만을 건드릴 뿐 사물의 내면, 즉 실체에는 도달하지 못하기 때문이다. 또한 이른바 이성적(rationalis)이라고 하는 인간의 인식은 불완전한 인식이다. 그것은 모호하고 불확실하며, 변덕스럽고 수고롭기 때문이다. 신학자들이 천사들이라고 부르는 신적 정신들의 지성적 인식(cognitio intellectualis)도 추가해 보자. 하지만 심지어 이마저도 불완전한 인식이다. 적어도 인식을 위해 필요하고 인식을 완성해 주는 것, 즉 진리의 빛을 정신은 자기 내부에 갖지 못하고 자기 바깥에서 찾아야 한다는 이유가 있기 때문이다.

생명(Vita)을 고찰해 보자. 모든 식물의 생명, 더 나아가 모든 신체 속에 있는 생명은 불완전하다. 왜냐하면 그것은 단지 생명일 뿐 인식이 아니라는 점에서뿐만 아니라 순수한 생명이 아니라 영혼에서 신체로 파급된 일종의 '살림'(vivificatio),[40] 즉 언제나 흐르고 죽음과 섞이며, 그래서 생명보다는 차라리 죽음이라고 불러야 하는 살림이기 때문이다.[41] 혹시 모를까 봐 〔덧붙이자면〕 우리는 삶이 시작하는 순간부터 죽기 시작하며, 죽음은 삶과 더불어 나아가고 신체의 죽음을 통해 이 사멸하는 신체로부터 벗어날 때라야 비로소 죽기를 그치니 말이다. 그런데 심지어 천사의 생명조차 완전하지는 않다. 생명을 주는 신적 광선이 계속해서 품어 주지 않으면 천사의 생명은 완전한 무로 소멸해 버릴 것이기

40 피치노는 『엔네아데스』(*Enneades*) 제1권을 주해하면서 생명을 '살림'(vivificatio) 혹은 '혼이 깃듦'(animatio)으로 불러야 한다고 주장한다. 그는 영혼을 제일영혼(anima prima)과 제이영혼(anima secunda)으로 나눈다. 제일영혼은 '지성'(intellectus), '이성'(ratio), '분별된 상상력'(imaginatio discreta)을 포괄하는 이성적 영혼을 지칭하며, 제이영혼은 '모호한 상상력'(imaginatio confusa), '외감'(sensus exterior), '생식 능력'(potentia genitalis)을 포괄하는 비이성적 영혼을 지칭한다. 이러한 제이영혼은 '제일영혼으로부터 분출된 생명(vita effusa)'으로, 이를 혼이 깃듦이나 살림으로 부르는 게 더 적절하다고 피치노는 주장한다. Marsilio Ficino, *Opera*, II, 1549 참조.

41 세네카(Seneca)는 삶을 매일의 죽음의 연속으로 표현한다. Seneca, *Ad Lucilium Epistulae Morales*, I, 2: "시간에 모종의 가치를 두고 매일을 소중히 여기면서 자기가 매일 죽는다는 것을 아는 사람으로 너는 누구를 나에게 제시할 것이냐? 죽음을 미래의 일로 내다보는 것은 틀린 것이다. 죽음의 많은 부분은 지나갔다. 우리 뒤로 남은 시간이란 죽음의 것이지. 그러니 나의 루킬리우스여, 네가 편지에서 하고 있다고 한 그 일을 하라. 모든 시간을 꽉 잡아라. 네가 오늘을 붙잡으면 내일에 덜 의존하게 될 것이다. 미루는 동안 삶은 흘러가 버리지"(Quem mihi dabis, qui aliquod pretium tempori ponat, qui diem aestimet, qui intellegat se cotidie mori ? In hoc enim fallimur, quod mortem prospicimus; magna pars eius iam praeterit. Quicquid aetatis retro est, mors tenet. Fac ergo, mi Lucili, quod facere te scribis, omnes horas complectere. Sic fiet, ut minus ex crastino pendeas, si hodierno manum inieceris. Dum differtur, vita transcurrit).

때문이다. 여타의 경우에서도 이는 마찬가지이다. 그러므로 우리가 신을 인식하는 자와 살아 있는 자로 여긴다면, 신에게 부여한 생명과 인식〔이라는 성질은〕 일체의 흠결(detrimentum)에서 벗어나 있다고 이해해야 하는 데 주의하라. 그러나 이것으로 충분하지 않다.

〔앞서 설명한 대로 충분하지 않은 까닭은〕 다른 방식의 불완전성이 남아 있기 때문이니, 다음이 그 사례이다. 가장 완전한 생명을 생각해 보자. 그것은 전혀 사멸하지 않고 죽음이 섞여 있지 않으며, 변함없이 지속하고 머무르기 위해 자기 자신만으로 족한 것, 즉 온전한 생명이자 순수한 생명이다. 또한 모든 것을 동시에 가장 완전하게 인식하는 그런 인식을 생각해 보자. 이렇게 인식하는 자는 자기 속에서 모든 것을 인식하기에, 그가 인식하는 진리를 자기 밖에서 찾지 않고 자기 자신이 진리 자체라는 점도 덧붙이자. 이 둘 모두는 자신이 속한 종(種)의 차원에서 보자면 가장 완전하고 신(神) 바깥에서 존재할 수 없지만, 그런 식으로 서로 구별해 파악하는 한에서는 신에게 어울리지 않는다. 신은 철저하고 무한한 완전성(omnimoda et infinita perfectio)이지만, 모든 특수하고 무한한 완전성을 포함하고 있다는 단지 그 이유만으로 그렇게 철저하고 무한한 완전성이 되는 것은 아니다. 〔단지 그 이유뿐이라면〕 신 자체는 가장 단순하지도 않을 것이고 신에게 있는 것들이 무한하지도 않을 것이며, 수적으로는 무한하되 완전성에서는 유한한 여럿으로 합성된 무한한 일자일 것이기 때문이다. 그러나 그런 식으로 신에 대해 말하고 생각하는 것은 불경스러운 일이다. 우리가 실로 신에게 가장 완전한 생명이지만 그럼에도 단지 생명일 뿐 인식은 아닌 그런 생명을, 그리고 실로 가장 완전한 의지이지만 그럼에도 단지 의지일 뿐 생명도 인식도 아닌 그런 의지 혹은 욕구만을 부여하게 되면, 그리고 이런 종류의 다른 것들을 신에게 부여하게 되면, 신의 생명이란 유한한 완전성에 속할

뿐임은 분명할 것이다. 신이 갖는 완전성이란 생명의 완전성일 뿐, 인식의 완전성도 욕구의 완전성도 아닐 것이기 때문이다.

그러므로 생명을 불완전하게 만드는 것뿐만 아니라 생명을 단지 생명으로만 만드는 것 또한 생명으로부터 제거하자. 그리고 인식에 대해서도, 그리고 우리가 신을 부르는 다른 이름에 대해서도 마찬가지 방식으로 제거하자. 이상의 모든 것 이후에 남는 것들이 바로 '일자', '가장 완전한 것', '무한한 것', '가장 단순한 것'과 같이 우리가 신이라 생각하고자 했던 성질들일 수밖에 없을 것이다. 또한 생명은 어떤 〔특정한〕 존재자(ens quoddam)이고 지혜도 어떤 특정한 존재자이며, 마찬가지로 정의는 지혜가 아닌 까닭에 정의도 특수한 존재자(ens particulare)이므로 이상의 성질들에서 특수(particularitas)와 한정(terminatio)이라는 성질을 제거할 경우에 이런저런 〔특수한〕 존재자가 아니라 존재자 자체가, 단적으로 존재자가, 술어의 보편성이 아니라 완전성의 보편성으로 말미암아 보편적 존재자가 남게 될 것이다. 마찬가지로 지혜는 어떤 〔특정한〕 좋은 것(bonum quoddam)이다. 왜냐하면 그것은 지혜인 바로 '이 좋은 것'(hoc bonum)일 뿐, 정의인 '저 좋은 것'(illud bonum)은 아니기 때문이다. 그래서 아우구스티누스(Augustinus)의 말처럼[42] "이것을 제거하고, 저것을 제거하라"(tolle hoc, tolle illud). 지혜를 지혜로서의 좋은 것일 뿐, 정의로서의 좋은 것은 아니게 만드는 이 특수한 한계를 제거하라. 마찬가지로 정의에는 정의의 좋음(bonitas)만 있을 뿐, 지혜의 좋음

42 아우구스티누스, 『삼위일체론』 8, 3, 4; "이것도 좋고 저것도 좋다. 그때 이것도 치우고 저것도 치우고 할 수 있다면 선(善) 자체를 보도록 하라. 그러면 그대는 하느님을 볼 것이다. 다른 선에 의거한 선이 아니라 모든 선의 선 자체를 보게 될 것이다"(bonum hoc et bonum illud. toelle hoc et illud, et vide ipsum bonum si potes; ita deum videbis, non alio bono bonum, sed bonum omnis boni).

은 없다. 그러면 수수께끼 속에서 너는 신의 얼굴을, 모든 좋은 것을, 좋은 것 자체를, 단적으로 좋은 것을, 모든 좋은 것의 좋은 것[43]을 보게 될 것이다. 〔그런데〕 이렇게 생명은 어떤 존재자인 것과 마찬가지 방식으로 어떤 일자이다. 생명은 하나의 완전성(una perfectio)이며, 마찬가지로 지혜도 하나의 완전성일 뿐이기 때문이다. 그러니 특수성을 제거하라. 그러면 이런저런 〔특정한〕 일자가 남지 않고 일자 자체가, 그리고 단적으로 일자가 남을 것이다. 그러니 서두에 말한 것처럼 신은 그 모든 불완전성이 제거된 모든 것이기에, 모든 만물로부터 그것들이 자신이 속한 종과 관련해 갖는 불완전성과 그 종 자체의 특수성을 제거하고 나면 그때 남는 것이 바로 신이다. 그러므로 신은 존재자 자체이고, 일자 자체이고, 좋은 것 자체이고, 참된 것 자체이다.[44]

신의 이름으로 표현되는 사물의 불완전성에서 기인한 모든 얼룩을 신의 이름에서 씻어 냄으로써, 우리는 신이 거주하는 구름으로 올라감

43 아우구스티누스, 『시편 강해』 XXVI, 2, 8: "그래서 너는 어떤 좋은 것을 갈구할 것이다. 그것은 어떤 종류의 좋은 것인가? 그로부터 모든 좋음이 나오는 모든 좋음의 좋음, 그것이 대체 어떤 좋음인지 부연되지 않는 좋음이다"(Ita desiderabitis quoddam bonum. Quale bonum? Omnis boni bonum, unde omne bonum, bonum cui non additur quid sit ipsum bonum).

44 피코는 중세의 초월자 이론을 자신의 네 단계 인식의 길의 도식 속에 편입해 재해석한다. 첫 번째 단계에서 신은 '이것'(hoc), '저것'(illud)이라는 개별성과 특수성을 제거한 단적이고 보편적인 완전성이다. 이러한 의미에서 신은 존재자 자체, 일자 자체, 좋은 것 자체이다. 두 번째 단계에 이르면, 신은 그 모든 여러 완전성의 합성체(compositum)가 아니라 모든 완전성을 능가하면서 포괄하는 하나의 전체로서의 완전성임이 드러난다. 세 번째 단계에서는 초월자의 이름이 갖는 한계가 자각되며, 신은 존재 자체이자 하나 자체, 좋음 자체로 격상된다. 마지막 네 번째 단계에 이르면, 우리 지성의 한계에 대한 자각과 더불어 신이 하나, 좋음, 존재 자체보다 더 우월하고 높은 곳에 있음이 드러난다. 중세 초월자 이론의 역사와 그 역사 속에서의 피코의 의의에 대해서는 Jan A. Aertsen, *Medieval Philosophy as Transcendental Thought*, Leiden/Boston: Brill, 2012 참조.

에 이제 두 단계를 나아갔다. 이제 두 단계가 남아 있으니, 하나는 이름들이 갖는 결함(deficientia nominum)을 드러내는 것이며, 다른 하나는 우리 지성에 있는 불확실함을 폭로하는 것이다. '존재자', '참된 것', '일자', '좋은 것'이라는 이름은 구체적인 어떤 것, 이를테면 〔이데아에〕 참여하는 것을 의미한다. 그래서 우리는 도리어 "신이 존재자보다, 참된 것보다, 일자보다, 좋은 것보다 우월하다"라고 발언한다. 왜냐하면 신은 존재 자체(ipsum esse), 진리 자체(ipsa veritas), 단일성 자체(ipsa unitas), 좋음 자체(ipsa bonitas)이기 때문이다.

그런데 이제껏 우리는 빛이 드는 곳에 있었지만, 신께서는 어둠(tenebrae)을 자신의 안식처로 삼았다.[45] 그러니 우리는 아직 신에게 이르지 못했다. 우리가 신에 대해 말하는 것들을 이해해 파악하기 전까지 우리는 빛 속에 거주하고 있을 뿐, 우리의 지성 능력이 무한한 신성에 비해 미미한 만큼 우리는 신에 대해 더 적은 것만을 생각하고 말할 수 있을 뿐이기 때문이다. 따라서 우리는 네 번째 단계로 올라감에 무지의 빛(lux ignorantiae)에 접어들면서 신적 광휘의 구름에 눈이 멀어 선지자와 함께 "주님, 당신의 뜰 안에서 저는 지쳐 갑니다"[46]라고 외칠지어다.

---

45 앞의 주 40 참조. 신의 어두운 거처에 대한 이상의 설명은 이미 니사의 그레고리우스(Gregorius Nyssenus)에서부터 빈번하게 등장한 부정신학적 입장이다. 그는 신을 향한 여정을 깊은 어둠을 향한 여정으로 묘사한다. 그레고리우스에 따르면, 신은 종국에 오직 어둠 속에서만 그 얼굴을 드러낸다. "하느님께서 나타나신 것은 그때는 빛 속에서였고, 지금은 어둠 속에서이다. …… 그 까닭에 모세가 인식에 진보했을 때 어둠 속에서 하느님을 뵈옵는다고, 즉 신성은 본질적으로 모든 인식을 초월하는 것이고 인간의 정신으로 파악할 수 없는 것임을 깨달았다고 말했다"(『모세의 생애』 II, 162-164). 더 자세한 설명은 전영준, 「니사의 그레고리우스의 신비사상과 부정신학」, 『가톨릭 신학과 사상』 66, 2010, 11~43쪽 참조(이상의 그레고리우스 인용은 전영준의 번역을 따랐다).

46 Defeci in atriis tuis, Domine: 「시편」 84:3; "그 안이 그리워, 내 영혼 애태우다 지치나이다. 이 마음 이 살이 생명이신 하느님 앞에 뛰노나이다"(Concupiscit et deficit

그리하여 결국 신에 대해 말할 수 있는 것이란 오직 이 하나뿐이니, 신은 우리가 신과 관련해 가장 완전한 것으로 내세우거나 파악할 수 있는 그 모든 것보다 알 수도 없고(inintelligibiliter) 말할 수도 없는 방식으로(ineffabiliter) 우월하게 있다. 그래서 우리는 우리가 파악했던 '단일성', '좋음', '진리' 자체보다도 더 높은 곳에, 그리고 존재 자체보다 더 높은 곳에 가장 탁월한 방식으로 신의 위치를 마련한다.

이와 관련해 디오니시우스 아레오파기타는 『상징신학』(*Symbolica Theologia*), 『신학지침』(*Theologicae Institutiones*), 『신명론』(*De Divinis Nominibus*), 『신비신학』(*De Mystica Theologia*)에서 작성한 그 모든 내용 이후에, 특히 『신비신학』을 마무리하면서 그가 마치 이미 구름 속에 있으면서 신에 대해 가능한 한 가장 거룩하게 말하려는 듯 동일한 주제에 대한 여타의 내용에 이어 다음과 같이 외친다. "우리가 알 수 있는 한, 그는 진리도, 왕국도, 지혜도, 하나도, 단일성도, 신성도, 좋음도, 혼(魂)도 아니다. 그는 아버지라는 이름도 아들이라는 이름도 아니고, 우리가 인식한 그리고 세상에 사는 그 누군가 인식한 어떤 다른 것도 아니다. 또한 그는 존재하지 않는 것들 가운데 그 어떤 것도 아니며, 존재하는 것들 가운데 그 어떤 것도 아니다. 존재하는 것들은 그가 존재하는 그대로 그를 알 수 없고, 그 자신도 존재하는 것들을 그것들이 존재하는 대로 알지 못한다. 아울러 그에 대한 이야기도, 그의 이름도, 그에 대한 앎도 없으니, 그는 빛도 어둠도 아니리라. 그는 오류도 진리도 아니며, 그에게는 어떤 정립도 폐기도 결코 없다."[47] 바로 이것이 저 위대한 신성한 자가 말했던 바이다.

---

anima mea in atria Domini. Cor meum et caro mea exsultaverunt in Deum vivum).

47 Dionysius Areopagita, *De Mystica Theologia*, Cap. V.

우리의 논의를 정리해 보자. 우리는 첫 번째 단계에서 에피쿠로스주의자들의 말마따나 신은 물체도 아니고, 신이 하늘과 우주의 영혼이라고 생각한 사람들의 견해처럼 그리고 플루타르코스(Plutarchus)가 전하듯이[48] 이집트인들도 믿었고 로마의 신학자 마르쿠스 테렌티우스 바로(Marcus Terentius Varro)[49]도 믿었던 견해처럼(이집트인들과 바로, 이 둘은 모두 우상 숭배를 위한 큰 자양분을 제공하지만, 이는 다른 곳에서 설명하겠다) 물체의 형상도 아님을 배운다. 하지만 이것이 아리스토텔레스의 견해인 동시에 참되다고 믿은 어리석은 이들이 소요학파에도 있다. 보라! 마치 결승점에 도달한 듯이 출발점에 멈추어 있는 이들이, 여전히 땅바닥에 누워서는 그분을 향해 한 걸음도 딛지 않으면서도 신이 계신 정상에 도달했다고 믿는 이들이, 신에 대한 참된 인식에서 얼마나 멀리 떨어져 있는가? 만약 이들의 견해가 옳다면, 신은 완전한 생명도, 완전한 존재자도, 완전한 지성도 아닐 것이다. 그러나 이 불경한 견해를 나는 나의 저작 『아리스토텔레스와 플라톤의 조화』 제5장에서 상세히 논박했다.

두 번째 단계에서 신은 생명도, 지성도, 가지적인 것도 아니며, 이 모두보다 더 좋고 더 훌륭한 어떤 것임을 배웠다. 그런데 이는 올바른 이해로부터 조금이라도 벗어나게 되면 너 소수의 사람만 정확히 이해하고 우리가 오히려 오류에 빠질 수 있는 사안이다. 〔생명, 지성, 가지적인 것〕과 같은 모든 이름은 신에게 있지 않은 특수한 완전성만을 의미할 뿐이기 때문이다. 이와 관련해 디오니시우스 아레오파기타도, 따라서 플라톤주의자들도 신에게 생명, 지성, 지혜(sapientia), 그리고 이와 비슷

48 Plutarchus, *De Iside et Osiride*, 49.

49 Marcus Terentius Varro, *De Lingua Latina*, V, 10.

한 여타의 것이 있음을 부정한다. 그러나 신은 〔생명, 지성, 지혜와 같은 것들 속에〕 여럿으로 분할되어 있는 완전성 전체를 직접 자신의 무한성이라 할 수 있는 자신의 단일한 완전성을 통해, 그리고 바로 자기 자신인 자신의 신성을 통해 자기 속에서 하나로 통일하고 모은다. 그리고 이러한 완전성의 통일은 여러 완전성으로 〔합성된〕 일자가 아니라 여럿 이전에 선행하는 일자이자 여럿의 원리이자 원인으로서의 일자이다. 그래서 몇몇 사람은, 특히 가능한 한 거의 모든 점에서 파리의 신학자들이[50] 모방했던 소요학파는 〔이 모든 완전성이〕 신 안에 있다고 간주한다. 우리가 그렇게 주장하면서 믿음으로써, 또한 신의 지혜는 지혜라기보다 정의이고 신의 정의는 정의라기보다 지혜이며, 마찬가지로 신에게서 생명은 생명이라기보다 인식이고 인식은 인식이기보다 생명이라는 아우렐리우스 아우구스티누스의 말씀[51]을 염두에 둔다면, 우리의 주장과 믿음은 정당할 뿐만 아니라 〔생명, 지성, 지혜 등을〕 신에게서 부정한 자들의 견해와 일치할 수 있게 된다. 이 모두는 신 안에서 하나이지만, 이는 혼합이나 섞임 혹은 상이한 것들 사이의 침투 같은 방식에 의하지 않고 단순하고 지고하면서 말할 수 없는 원천적 단일성(unitas)에 의한 것이다. 이 단일성 속에 모든 현실태와 모든 형상, 모든 완전성은 마치 가장 탁월한 최고 사령관(primus dux)이나 신적 무한의 가장 내밀한 보물 속에 있는 것처럼 모든 것을 넘어서(extra) 능가하며(super) 가장 탁월한 방식으로 포함되어 있지만, 그럼에도 그것들은 만물의 심연

50 소요학파와 파리의 신학자가 구체적으로 누구인지는 알 수 없다.

51 Augustinus, *Sermones,* CCCXLI, 6-8; "신에게서 진술되는 모든 것은 그 자신이다. 신에게서 능력과 지혜는 별개가 아니며, 용기와 정의와 순결이 별개가 아니기 때문이다"(In Deo autem omne quod dicitur, idipsum est. Neque enim in Deo aliud potestas et aliud prudentia, aliud fortitudo et aliud iustitia aut aliud castitas).

(intimus)에 있을 뿐만 아니라 만물이 자기들끼리 결합될 때보다 더 만물과 하나로 존재한다. 말은 참으로 부족하니, 생각하는 것을 이루 다 말할 수 없다.

하지만 나의 안젤로여,[52] 어떤 광기가 우리를 사로잡는지 보라. 신체 안에 자리하는 동안에 우리는 신에 대해 말하거나 알 수 있는 것보다 더 많이 그분을 사랑할 수 있다. 사랑함으로써 우리는 더 많이 성공하고 덜 고생하면서 그분을 더 따르게 된다. 그렇지만 우리는 사랑하지 않았더라면 헛되이 찾고만 있을 것들을 사랑함으로써 소유할 수 있음에도, 인식을 통해 물으면서 찾아내지 못하는 경우를 더 좋아한다.[53]

우리의 논의로 돌아가 보자. 이제 그대는 어떤 때에는 신을 정신(mens), 지성(intellectus), 생명(vita), 지혜(sapientia)라 부르며, 또한 어떤 때에는 이것들보다 우월하게 놓음에도, 이 두 주장 모두가 어떻게 조화

52 폴리치아노를 말한다.

53 아우구스티누스, 『고백록』 I, 6. 10; "이처럼 그는 찾음으로써 당신을 찾지 못하는 것보다 찾지 않음으로써 당신을 찾는 것을 더 선호합니다"(Gaudeat enim sic et amet non invenendo invenire potius quam inveniendo non invenire te). 피치노 역시 마찬가지 견해를 표명한다. Marsilio Ficino, *Opera*, I, 324; "삶에서 신에 대한 인간의 사랑은 인간의 인식을 능가한다. 누구도 신을 참되게 인식할 수 없지만, 신 이외에 모든 것을 멀리한 사람은 어떻게 인식하든 간에 신을 사랑하기 때문이다. 또한 신을 모르는 것보다 혐오하는 것이 열등하듯이, 신을 아는 것보다 사랑하는 것이 우월하다. 또한 신을 탐구함으로써 우리는 너무도 긴 시간 동안 아무것도 거의 이루지 못하지만, 사랑에 의해 찰나에 많은 것을 이룬다. …… 신을 탐구할 때보다 신을 사랑함으로써 우리는 더 큰 즐거움을 얻고, 그를 조사할 때보다 사랑함으로써 더 훌륭하게 된다"(In hac vita humanus amor in Deum humanae praestat cogniti, quia Deum nemo vere cognoscit, vere autem amant illi Deum quoquomodo cognitum, qui spernunt omnia propter ipsum. Rursus, sicut deterius est odisse Deum quam ignorare, sic melius amare quam nosse. Adde quod perscrudanto Deum longissimo tempore minimum quid proficimus, amando brevissimo plurimum. …… Et amando Deum longe maiorem quam perscrutando percipimus voluptatem, et meliores amando efficimur quam inquisendo).

를 이루는 방식으로 참되게 입증될 수 있는지 분명해졌을 것이다. 또한 플라톤은 『국가』 제6권에서 좋음의 이데아[54]로 부르는 신을 지성(intellectus)과 가지적인 것들(intelligibilia)보다 상위에 위치시키고, 신이 지성에는 인식하는 능력을 부여하고 가지적인 것에는 인식될 수 있는 가능성을 부여한다고 보는 반면, 아리스토텔레스가 종종 신을 인식, 인식하는 자, 가지적인 것이라고 부른다는 이유로 플라톤과 아리스토텔레스가 대립하는 것은 아님을 알 것이다. 왜냐하면 디오니시우스 아레오파기타 역시 플라톤과 동일한 주장을 하면서도 아리스토텔레스를 따라 신은 자기 자신과 타자를 모르지 않는다고 주장한다. 그래서 만약 신이 자신을 인식할 경우에 신은 지성(intellectus)인 동시에 가지적인 것(intelligibilis)이 될 것이니, 자기 자신을 아는 자(se ipsum cognoscit)는 아는 자인 동시에 알려지는 자가 될 수밖에 없다.[55] 그러나 우리가 앞서 말했던 방식대로 이러한 완전성들을 특수한 종류의 것으로 받아들이거나, 우리가 말하는 지성이 자신 바깥에 있는 다른 것인 가지적인 것으로 향하는 본성을 의미한다면, 플라톤주의자들과 마찬가지로 아리

54 플라톤, 박종현 옮김, 『국가』 509b; "태양은 보이는 것들에 '보임'의 힘을 제공해 줄 뿐만 아니라 그것들에 생성과 성장, 그리고 영양을 제공해 준다고 자네가 말한 것으로 나는 생각하네. 그것 자체는 생성이 아니면서 말일세. 인식되는 것들의 인식됨이 가능하게 되는 것도 좋음으로 인한 것일 뿐만 아니라 그것들이 존재(τὸ εἶναι)하게 되고 그 본질(οὐσία)을 갖게 되는 것도 그것에 의해서요. 좋음은 단지 존재가 아니라 지위와 힘에 있어 '존재'를 초월해(ἐπέκεινα τῆς οὐσίας) 있는 것이라고 말하게나."

55 아리스토텔레스, 조대호 옮김, 『형이상학』 1072b20-25; "그런데 지성은 사유 대상을 포착함으로써 자기 자신을 사유하는데, 그 까닭은 지성은 대상과 접촉하고 사유하는 가운데 사유 대상이 되고, 결과적으로 지성과 사유 대상은 동일한 것이 되기 때문이다. 왜냐하면 사유 대상, 즉 실체를 수용하는 능력이 지성이요, 그것은 사유 대상을 소유함으로써 현실적으로 활동하기 때문이다. 따라서 수용 능력보다 소유가 지성이 가진 것으로 여겨지는 신적인 것이며, 이론적 활동은 가장 즐겁고 좋은 것이다."; 1074b33-39; "그러므로 사유는, 만일 그것이 가장 좋은 것이라면, 자기 자신을 사유하고, 그 사유는 사유에 대한 사유이다."

스토텔레스 역시 신이 지성인 동시에 가지적이라는 것을 대단히 일관되게 부정할 것이다.

세 번째 단계에서는 우리가 어둠에 접근함에 따라 무엇인가가 점점 더 밝게 드러나기 시작했다. 예컨대, 우리는 불경스러운 생각을 통해 신을 신체 혹은 영혼, 혹은 신체와 영혼으로 합성된 동물이라고 말할 경우처럼 모종의 불완전하고 기형적인 존재자로 신을 꾸며내서는 안 된다. 뿐만 아니라 신을 생명, 정신, 이성이라고 규정할 때처럼 온전히 사람의 지혜를 이용해 그것이 아무리 완전한 종이라 하더라도 신을 어떤 특수한 종으로 꾸며내서도 안 된다. 오히려 일자, 참된 것, 존재자, 그리고 좋은 것과 같이, 모든 것을 포괄하는 보편적 이름들이 가리키는 것보다 신이 더 훌륭하다는 것을 인식한다.

네 번째 단계에서 우리는 신 자체가 앞서 말한 〔네 종류의 초월적 이름보다〕 우월할 뿐만 아니라 우리가 형성할 수 있는 모든 이름과 우리가 알 수 있는 모든 개념보다 우월하다는 것을 알았다. 그래서 우리는 그에 대해 전혀 모를 때 비로소 어떤 방식으로든 그를 알게 되는 것이다. 이상의 논의로부터 도출된 바에 따르면, 신은 캔터베리의 안셀무스(Anselmus of Canterbury)의 말처럼 그보다 더 큰 것은 어떤 것도 생각할 수 없는 것일 뿐만 아니라 우리가 고안해 낼 수 있는 그 모든 것보다 무한하게 더 큰 것이다.[56] 그래서 선지자 다윗은 히브리어로 참되게 말했

56 캔터베리의 안셀무스, 『프로슬로기온』 15: "그러므로 주님, 당신은 '그것보다 더 큰 것이 생각될 수 없는 어떤 것'(quo maius cogitari nequit)일 뿐만 아니라 '생각될 수 있는 모든 것보다 더 큰 어떤 것'(quiddam maius cogitari possit)입니다. 그러한 종류의 어떤 것이 존재한다는 것을 생각할 수 있기 때문에, 만일 당신이 그것 자체가 아니라면 당신보다 더 큰 어떤 것이 생각될 수 있었을 터인데, 이것은 도저히 불가능한 일입니다."

다. "당신께는 침묵이 찬양입니다"(tibi silentium laus)[57]

이것들을 우리는 첫 번째 논점의 해답을 위해 이야기해 왔다. 이로부터 디오니시우스 아레오파기타의 『신비신학』과 『신명론』을 적합하게 읽어 내기 위한 창문이 크게 열렸다. 이 과정에서 우리는 두 가지를 조심해야 한다. 그가 쓴 것들이 굉장히 큰 내용임에도 실제보다 과소평가하지 말아야 한다. 그리고 우리가 이해한 그 모든 것을 보잘것없게 여겨 우리 자신을 위해 꿈이나 해결할 수 없는 허구를 지어내지 말아야 한다.

제6장 제일질료에 대한 플라톤주의자들의 두 번째 논증에 대하여

제일질료(prima materia)와 관련된 플라톤주의자들의 반박[58]은 사소한 것이다. 제일질료는 존재자(ens)인 한에서 하나이기 때문이다. 더구나 플라톤의 말을 빠짐없이 따르려는 자들은 제일질료에는 일자의 의미보다 존재자의 의미가 더 많이 있음[59]을 인정해야만 한다. 플라톤 또

57 *Ps* 64, 2. 불가타 성서에는 "당신을 찬미함이 지당하오니"(Te decet hymnus)로 되어 있으나, 피코는 히브리어 「시편」을 옮긴 다른 판본을 따르는 것으로 보인다.

58 제일질료가 존재자의 영역에 포함되지 않지만, 일자의 영역에 포함된다는 플라톤주의자들의 주장을 일컫는다. 에우제니오 가린(Eugenio Garin)에 따르면, 이는 특히 베사리온을 겨냥한 말이다. 베사리온에 따르면, 일자로부터 존재자들이 산출될 때 창조에 선행해 일자로부터 나온 질료가 먼저 있었다. Eugenio Garin, *Giovanni Pico della Mirandola. Vita e dottrina*, Firenze: Le Monnier, 1937, p. 77; Bessarion, *In calumniatorem Platonis*, II 6, Ludwig Mohler (ed.), pp. 108~29.

59 바젤의 판본에는 "일자의 의미가 존재자의 의미보다 덜하다"(concedant oportet unius illam habere minus rationem quam entis)로 되어 있다. 우리말 번역은 Stephane Toussaint, 1995와 Franco Bacchelli · Raphael Ebgi, 2010 등이 참조한 Hamilton의 교정본을 참조해 "concedant oportet entis illam habere magis rationem quam unius"를 옮긴 것이다.

한 제일질료가 전적으로 무(無)라고 생각하지 않았으니, 만약 제일질료가 전적으로 무에 불과하다면 형상들의 수용자는 대체 어떻게 있을 수 있고 양육자(유모)는 대체 어떻게 있을 것이며, 모종의 본성이나 플라톤이 『티마이오스』(*Timaios*)[60]에서 제일질료로 인정한 여타의 특성은 대체 어떻게 있을 수 있겠는가? 그러므로 플라톤의 견해를 신뢰한다면, 제일질료는 무가 아니다. 다시 말해 존재자와 무관한(expers) 것이 전혀 아니다. 그럼에도 플라톤은 『필레보스』(*Philebos*)[61]에서 플라톤주의자들의 견해처럼 무가 존재자와 대립하듯이, 일자와 대립하는 여럿(multitudo)이라고 제일질료를 칭할 뿐만 아니라 무한자(infinitum)라고까지 칭한다. 그런데 만약 여럿이 유한하다면, 유한한 한에서 그것은 하나이므로 일자라는 규정에서 완전히 벗어날 수 없지만, 무한한 여럿은 하나의 본성을 일체 갖지 않고 한계라는 본성도 전혀 갖지 않는다. 따라서 플라톤에 의하면, 제일질료는 하나라기보다 존재자이다. 그런데도 일자가 존재자보다 우월하다는 것을 증명하려 반론을 제기하는 자들은 제일질료는 존재자가 아니라 오히려 일자라고 말하곤 했다.

플라톤주의자인 이암블리코스(Iamblichus) 또한 자신의 저작 『피타고라스학파』(*De Secta Pythagorica*)에서 이원성(二元性, dualitas)이 첫 번째 여럿이고 나머지 모든 여럿의 뿌리라는 점에서 제일질료를 이원성이라 칭한다.[62] 그러므로 신적(divinus)이라 불릴 정도로 플라톤주의자들 사

60 플라톤, 『티마이오스』 49a; "이는 일체 생성의 수용자인 것으로, 이를테면 유모와 같은 것으로 이해해야만 합니다"(πάσης εἶναι γενέσεως ὑποδοχὴν αὐτὴν οἷον τιθήνην)"; 51a. "어머니, 그리고 수용자"(μητέρα καὶ ὑποδοχήν).

61 플라톤, 『필레보스』 23e; "그러니까 나는 두 가지를 앞세우고 있는데, 그 두 가지는 방금 말한 것들, 즉 한정되지 않는 것과 한정을 가진 것이네. 한정되지 않은 것은 어떤 면에서 여럿임을 나는 설명해 볼 것이네."

62 Franco Bacchelli · Raphael Ebgi, 2010에 따르면, 이암블리코스)의 『니코마코스 산술

이에서 위대했던 이암블리코스에 따르면, 제일질료는 하나가 아니라 여럿일 뿐만 아니라 사물들에 있는 모든 여럿의 뿌리이다. 이로써 우리는 그들 자신의 주장으로 그들을 논박했다. 게다가 제일질료는 단일성(unitas)과 전적으로 무관하지도 않으며, 존재(esse)가 결여된 것도 아니다. 제일질료는 자신에게 존재를 부여하는 바로 그 동일한 형상으로부터 그 단일성 또한 수용한다. 나는 제일질료의 단일성에 대해, 긍정적으로든 부정적으로든 간에, 논의된 사항들은 생략할 것이다. 이와 관련된 모든 내용은 아리스토텔레스와 딱 한 걸음만 소요했던 이들이라면 잘 알고 있기 때문이다.

제7장 여럿에 대한 플라톤주의자들의 세 번째 논증의 해결. 일자가 존재자보다 더 보편적이라고 말하는 자들은 플라톤이 부정하는 것을 주장해야 함

그들은 또한 세 번째 논증에서 대단히 큰 오류를 범한다. 비존재자와 존재자의 대립 방식과 여럿과 일자의 대립(oppositio) 방식은 다르기 때문이다. 비존재자와 존재자의 대립 방식은 모순의 대립(oppositio contradictoria)이고, 일자와 여럿의 대립 방식은 결여의 대립(oppositio privativa) 혹은 반대의 대립(oppositio contraria)이다. 아리스토텔레스는 『형이상학』 제10권에서 이 점에 대해 상세히 논한다.[63]

입문 주해』(*Peri tēs Nikomakhou arithmētikēs eisagōgēs*)에 나오는 질료와 '무한정한 둘'에 대한 논의이다. Franco Bacchelli · Raphael Ebgi, 2010, pp. 435~46.

63 아리스토텔레스, 『형이상학』 1054a20-25; 이 외에도 아리스토텔레스는 『범주론』 제10장, 『변증론』 B 제8장, E 제6장, 『형이상학』 제10권 제3~7장에서 네 가지 대립(antikeimena, opposita)의 범주에 대해 논한다. 그 네 가지 대립은 '관계의 대립'(opposita relata), '반대의 대립'(opposita contraria), '소유와 결여'(habitus et privatio),

그러나 이른바 플라톤주의자라는 이들이 일자가 존재자보다 우월하다고 주장하면서 어떻게 파멸에 빠지는지를 볼지어다. 두 개의 종 가운데 하나의 종이 다른 더 보편적인 종의 하위에 속하는 관계에서는 어떤 것이 더 상위 종의 범위를 벗어나지 않으면서도 하위 종의 범위를 벗어나는 일이 언제든 가능하다. 바로 이 때문에 하나의 종이 다른 종보다 더 보편적이라고 말하는 것이다. 단적인 예로 동물은 인간보다 더 보편적이기 때문에, 어떤 것이 비인간이거나 인간이 아님에도 동물이 되는 일이란 가능하다.

따라서 마찬가지 논리에 따라 만약 일자가 존재자보다 보편적이라면, 어떤 것이 일자임에도 비존재자이거나 무가 되는 일이 가능해야 할 텐데, 그러면 일자가 비존재자에 대한 술어가 된다.[64] 이는 『소피스테스』에서 플라톤이 분명하게 논박했던 사안이다.[65]

'모순의 대립'(opposita contradictoria)이다. 관계의 대립은 '두 배'와 '절반'이 각각 '절반에 대한 두 배', '두 배에 대한 절반'으로 불리는 것처럼 대립항들의 상호 관계 속에서 발생하는 대립을 지칭한다. 반대의 대립은 '질병'과 '건강'과 같이, 중간항을 배제하는 경우뿐만 아니라(사물에 하나가 정립되면 다른 항을 배제해야 한다) '좋음'과 '나쁨'과 같이 중간항을 허용하는 대립을 포괄한다. 아리스토텔레스는 '소유와 결여'의 사례로 '보는 눈'과 '먼눈'을 제시한다. 보는 눈은 먼눈의 보는 눈이 아니고, 먼눈은 보는 눈의 먼눈이 아니라 보는 눈의 결여라는 점에서 관계의 결여와 다르다. 모순의 대립은 '이다'와 '아니다', '존재'와 '비존재'처럼 긍정과 부정으로 진술되는 관계로, 둘 가운데 하나는 반드시 참이고 나머지 하나는 반드시 거짓이면서 중간항을 허용하지 않는다.

64 어떤 것은 비존재자이지만 일자이다. 즉 비존재자인 어떤 것은 일자이다. 따라서 일자는 비존재자에 대한 술어가 된다. 즉 존재와 비존재는 하나라는 상위의 유(類)에 속하는 종(種)이 된다. 그러나 이는 플라톤이 『소피스테스』에서 비존재는 하나로도 여럿으로도 규정해서는 안 된다면서 금지했던 것이라는 것이 피코의 입장이다.

65 플라톤, 『소피스테스』 238d-e.

제8장 어떻게 존재자, 일자, 참된 것, 좋은 것이라는 네 가지는 신 다음으로 있는 모든 것 사이에 존재하는가

모든 것을 포괄하는 존재자, 일자, 참된 것, 좋은 것이라는 네 가지 것이 있다는 견해로 말하자면, 그것들 각각의 부정을 무(nihil), 분할된 것(divisum), 거짓된 것(falsum), 나쁜 것(malum)으로 받아들이는 것은 지극히 옳다. 많은 대목에서 아리스토텔레스 철학을 수정했고, 그래서 아베로에스(Averroes)와 대전을 치루었던 아비첸나(Avicenna)의 추종자들은 '어떤 것'(aliquid)과 '사물'(res)이라는 두 가지 범주를 이상의 네 초월 범주에 추가했다.[66] 그러나 이 사안에서 불화(不和)는 소소할 뿐이다. 아비첸나의 추종자들은 하나라는 범주 아래에서 파악되는 것을 '일자'와 '어떤 것'으로 나누었는데, 이는 『소피스테스』에서 가장 보편적인 개념들 사이에서 '어떤 것'을 열거했던 플라톤의 견해와 상충하지 않고,[67] 또한 그들이 존재자의 범주에 포함되는 것을 '존재자'와 '사

66 Avicenna, *Liber de philosophia prima sive scientia divina*, I, c. 5; S. Van Riet (ed.), Louvain/Leiden: Peeters/Brill, 1977, p. 34: "그러므로 '존재자'의 지향과 '사물'의 지향은 영혼에서 표상되는 두 개의 지향이라고 나는 주장한다. 반면에 '존재자'와 '어떤 것'은 하나의 지향에 대한 동의어이다"(Dico ergo quod intentio entis et intentio rei imaginantur in animabus duae intentiones; ens vero et aliquid sunt nomina multivoca unius intentionis). 이때 '사물'이란 사물의 '무엇임'(certitudo/quidditas)에 해당하는 '속성의 존재'(esse proprium)이고, '어떤 것'은 정립되고 실현된 존재(esse affirmativum)를 의미한다.

67 플라톤, 『소피스테스』 237d; 플라톤, 『소피스테스』 251a-253b, 257e에 대한 피치노의 번역 또한 주목할 필요가 있다. 피치노는 "아름다운 것이 아닌 것은 바로 이런 것이 아니겠습니까? 즉 있는 것들 가운데 어떤 하나의 유로부터 분리된, 그리고 다시금 있는 것들 가운데의 어떤 것에 대해 대비된, 어떤 다른 것"(ἄλλο τι τῶν ὄντων τινὸς ἑνὸς γένους ἀφορισθὲν καὶ πρός τι τῶν ὄντων αὖ πάλιν ἀντιτεθὲν οὕτω συμβέβηκεν εἶναι τὸ μὴ καλόν)을 "'어떤 것'이 존재자들 가운데 일부 안에 규정되어 있고, 또한 존재자들 가운데 '어떤 것'에 대립하며, '아름답지 않다'라고 진술되기에"(Cum

물'로 나눈 것이기 때문이다. 이에 대해서는 다른 대목에서 다루겠다. 논의를 이어 가자면, 이 네 가지는 어떤 방식으로는 신에게 있고, 다른 방식으로는 신 이후에 존재하는 것들에게 있다. 신은 그 네 가지를 자기 자신으로부터 가지고, 다른 것들은 그 네 가지를 신으로부터 갖기 때문이다.

우선 이 네 가지 것이 피조물들에게 어떻게 있는지 살펴보자. 신 이후에 존재하는 모든 것은 작용인(efficiens), 범형인(exemplaris), 목적인(finalis)을 갖는다. 만물은 신 자신으로부터(ab ipso) 존재하고 신 자신을 통해(per ipsum) 존재하며, 신을 향해(ad ipsum) 존재하기 때문이다.[68] 그러므로 우리가 만약 사물을 작용을 일으키는 신에 의해 구성되는 것으로 간주한다면, 우리는 사물을 '존재자'라고 부를 수 있을 것이다. 왜냐하면 사물이 존재(esse)에 참여하는 것은 작용인으로서의 신에 의해서이기 때문이다. 우리가 이데아라고 부르는 모범(exemplar)에 따라 신이 피조물을 지으심에 그 사물들이 모범에 알맞게 들어맞을 경우에, 우리는 그 사물들이 '참되다'라고 말한다. 진짜 헤라클레스에 일치하는 헤라클레스 그림을 우리는 참되다고 말하기 때문이다. 그런데 만약 사물들이 궁극 목적(finis ultimus)으로서의 신을 향할 경우에, 우리는 그 사물들이 '좋다'라고 말한다. 그리고 만약 모는 사물을 각각 절대적 방식에 따라 그 자체로 파악할 경우에, 그 사물은 '하나'(una)라고 불린다.

그런데 순서상(ordo) 모든 것은 존재자라는 개념 아래에서 가장 먼저 파악되어야 한다. 왜냐하면 모든 것이 '어떤 것'(aliquid)이 되기 이전에

---

aliquid in parte quadam entium determinatum sit, rursque; alicui entium opponatur, contingatque; ita non pulchrum dici)로 옮긴다.

68 「로마서」 11:36; "과연 만물이 그분에게서 나와, 그분을 통해 그분을 향해 나아갑니다"(Quoniam ex ipso et per ipsum et in ipsum omnia).

작용자(agens)가 그 모든 것을 먼저 산출해야만 하는 바, 그렇지 않을 경우에 존재하는 것은 모두 작용자에 의해 존재하는 것이 아닐 것이기 때문이다. 그러므로 신 다음으로 존재하는 그 모든 것을 우리는 다른 것에 의해 존재하는 존재자, 유한한 존재자, 참여하는 존재자로 파악해야만 한다. 존재자의 뒤를 잇는 것은 일자이다. 세 번째로 나오는 것이 진리(veritas)이다. 그 자체로 어떤 것이 된 이후에는, 그것이 형성될 때 따랐던 모범(exemplar)과 비슷한지 알아야만 하기 때문이다. 만약 그것이 모범과 비슷할 경우에 남은 일은 좋음을 통해 친족 관계에 있는 그 모범으로 향하는 것이다.

이것들이 그 외연에서 동일하다는 것을 누가 모르겠는가? 어떤 것이 존재한다고 가정해 보자. 분명 그것은 또한 일자이다. 왜냐하면 『소피스테스』에서 플라톤이 주장하듯이,[69] 하나를 말하지 않는 것은 무를 말하는 것과〔=아무것도 말하지 않는 것과〕 같기 때문이다. 자기 자신에 의해 존재하는 것은 모두 분할되어 있지 않으며, 자기 자신이 아니라 다른 것들에 의해 존재하는 것은 분할되어 있다. 우리가 하나라고 말할 때 혹은 플라톤의 말을 좇아 "자신과 동일하고 다른 것들과 다르다"라고 말할 때, 우리는 바로 이상의 사실을 이해하고 있는 것이다. 그리고 이것이 모든 사물에 타당하게 적용된다는 점을 동일한 대화편[70]에서 플라톤이 직접 확인해 준다.

또한 〔존재자는〕 필연적으로 참된 것이다. 만약에 〔어떤 이가〕 인간이라면, 틀림없이 그는 참된 인간이기 마련이다. '이것은 참된 금이 아니다'는 말과 '이것은 금이 아니다'는 말은 같은 말이다. '이것은 참된 금

69 플라톤, 『소피스테스』 251a-253b.

70 플라톤, 『소피스테스』 254d.

이 아니다'는 말은 '이것이 금으로 보이고 실로 금과 비슷한 어떤 것이지만 금은 아니다'라는 것을 의미하기 때문이다. 바로 이러한 이유로 아우구스티누스는 『고백록』(*Confessiones*)에서 무엇이 참된 것인지를 정의하면서 "존재하는 것〔-인 것〕이 참된 것이다"(verum est id quod est)라고 말한 것이다.[71] 그러나 이 말을 "존재자와 참된 것은 같은 것이다"라는 의미로 받아들여서는 안 된다. 비록 그 둘이 실제로는 같을지라도 의미(ratio)와 정의(definitio)에서는 상이하므로 하나를 다른 나머지 하나로 정의해서는 안 되기 때문이다. 오히려 아우구스티누스가 표현하고자 했던 것은, 어떤 사물이 그것이 불리는 〔명칭과〕 일치하면서 존재한다고〔-이다라고〕 진술되는 바의 것이라면 그 사물은 참되다고 말할 수 있다는 것이다. 예컨대, 어떤 것이 금이고 또 그것이 금 이외의 다른 어떤 것이 아닐 경우에, 그때 그것은 참된 금이 되는 것이다. 그러므로 그는 이러한 의미에서 "존재하는 것〔-인 것〕이 참된 것이다"라고 말했던 것이다. 이것을 깨닫지 못하는 자들은 정의(definitio)에 농간을 부리는 것이다.

그런데 마찬가지로 존재하는 것은 또한 좋은 것이기도 하다. 왜냐하면 존재하는 모든 것은 그것이 존재하는 한에서 좋은 것이기 때문이다. 내 생각에 올림피오도로스(Olympiodorus)는 좋은 것과 존재자가 다름을 증명할 수 있다고 믿음으로써 대단히 큰 오류에 빠졌다.[72] 우리는 단적으로 좋은 것을 바라지만, 단적으로 존재하기를 바라는 것이 아니

71 아우구스티누스, 『고백록』 2, 5.

72 Olympiodorus, *In Phaedonem*, 188, 29 이하; "비존재가 나쁜 자들에게 신의 선물이라면, 존재는 나쁜 자들에게 좋지 않을 것이다. 그런데 좋은 것에 〔그것이 좋다면〕, 존재 자체는 나쁘지도 좋지도 않은 것이다. 좋음은 존재를 초월한다"(ὅτι, εἰ τὸ μὴ εἶναι τοῖς κακοῖς ἕρμαιον, οὐκ ἄρα τὸ εἶναι ἀγαθὸν μετὰ τοῦ κακοῦ· εἰ δὲ μετὰ τοῦ ἀγαθοῦ, αὐτο ἄρα τὸ εἶναι οὔτε κακὸν οὔτε ἀγαθόν· τὸ ἀγαθὸν ἄρα τοῦ ὄντος ἐπέκεινα).

라 좋게 존재하기를 바란다. 그래서 우리에게 나쁜 일이 있을 때, 우리는 차라리 우리가 존재하지 않기를 바란다는 것이다. 나쁜 일이나 비참한 일을 겪은 자들이 차라리 존재하지 않기를 정당하고 자연스러운 바람에 따라 갈망할 수 있는지 여부는 차치하고서라도, 그는 존재에 여러 측면(multiplex)이 있듯이 좋음(bonitas)에도 여러 측면이 있음을 간과했다.

우선 인간에게 '인간임'(esse hominem)이, 사자에게 '사자임'(esse leonem)이, 돌에게 '돌임'(esse lapidem)이 있듯이, 사물에는 '본성적 존재(본성적임)'(esse naturale)가 있는데, 각각의 경우마다 그 본성적 존재(본성적임)로부터 본성적 좋음이 뒤따라 나온다.

'현명함'(esse sapientem), '아름다움'(esse pulchrum), '건강함'(esse sanum)이 인간에게 있는 경우에서처럼 '외래적'(adventitia)이라고 부를 수 있을 다른 〔방식의〕 존재도 있다. 그런데 지혜(sapientia), 미(pulchritudo)와 같은 것이 인간성과는 다른 존재자[73]인 것이듯이, 그것들은 다른 〔종류의〕 좋은 것들이다. 인간성과 지혜가 서로 상이한 존재자이고 서로 상이한 존재자라고 불리는 것처럼 인간을 인간으로 만드는 인간성이라는 좋은 것과 인간을 더이상〔한갓〕 인간이 아니라 지혜로운 인간에 이르게 하는 지혜라는 좋은 것은 서로 다른 좋은 것이기 때문이다.

그러므로 만물이 좋은 것을 욕구하듯이, 만물은 존재를 욕구하고 무엇보다 본성적 존재로부터 나오는 좋음을 욕구한다. 이러한 좋음은 뒤따르는 좋음들의 토대로서, 그 본성적 좋음이 없다면 나머지 뒤따르는 모든 좋음은 존속할 수 없다. 전혀 존재하지도 않는 이가 어떻게 행복

73 여기서 피코는 '지혜', '미', '인간성'과 같은 추상적 이름을 '존재자'(entia), '좋은 것'(bonum)이라 칭한다. 이는 앞서 제4장에서 이데아에 참여하는 구체적 이름의 사물들이 존재자라고 설명했던 대목과 다소 상충한다.

할 수 있겠는가? 그러나 만물은 존재하자마자 획득하는 좋음으로 충분하지 않은데, 이 첫 번째 좋음을 꾸며 주고 완성하는 나머지 좋음들에도 다가가고 싶어 한다. 그런데 만물은 첫 번째 좋음 이외에도 다른 좋음들을 욕구한다는 것은 참되며, 마찬가지로 첫 번째 존재 이외에도 다른 존재를 만물이 욕구한다고 말할 수 있을 것이다. '인간임'(esse hominem)과 '행복함'(esse felicem)은 다른 종류의 존재이기 때문이다. 그래서 누군가 행복하지 않을 경우에 존재하기를 원하지 않을 수 있음을 인정하더라도, 그럼에도 올림피오도로스의 생각처럼 좋음과 존재자가 다르다는 것이 귀결되는 것이 아니라 인간과 행복은 다른 존재자이고, 마찬가지로 인간의 좋음과 행복의 좋음도 다른 좋음이며, 인간은 그 가운데 행복의 좋음을 갖지 않는 한에서 인간의 좋음 또한 원하지 않는다는 것이 귀결될 뿐이다.

어떤 것을 동일한 의미로, 즉 단적으로 좋은 것이면서 단적으로 존재자라고 말할 수 있는지 혹은 단적으로 존재자로 불리는 것이 좋은 것이고 단적으로 좋은 것이라 불리는 것이 존재자인지 여부는 생략하겠다. 지금은 모든 것을 논할 수 있는 대목이 아니기 때문이다.[74]

그러므로 우리는 존재하는 것은 모두 그것이 존재하는 한 좋은 것이라고 타당하게 말해 왔다. "신은 그가 만들었던 모든 것을 보고 그것들은 참으로 좋았다."[75] 왜 아니겠는가? 그것들은 훌륭한 제작자(opifex)가 자기 자신에 의해 존재하는 만물에 자신의 닮음을 새긴 것이다. 따

74 Plotinus, *Enneades*, VI, 5; "좋음(to agathon)은 비존재(mē on)가 아니기에 존재(to on) 속에 있음이 분명하다."

75 「창세기」 1:31; "하느님께서 보시니 손수 만드신 모든 것이 참 좋았다. 저녁이 되고 아침이 되니 엿샛날이 지났다"(Viditque Deus cuncta, quae fecit, et ecce erant valde bona. Et factum est vespere et mane, dies sextus).

라서 사물들의 실재(entitas)에서 작용을 일으키는 신의 능력에 경탄할 수도 있고, 진리에서 우리는 장인의 지혜를 공경할 수도 있으며, 좋음에서 사랑해 주는 분의 관후(liberalitas)를 사랑으로 보답할 수도 있다. 또한 내가 말했듯이, 각각의 피조물을 자체로 통일하고 그 후에 그것들을 만물로서 자기들끼리 통일하며, 이후 그 만물을 자기 자신과 하나로 결합함으로써 각각의 피조물을 자신에 대한 사랑으로, 다른 것들에 대한 사랑으로, 종국에는 신에 대한 사랑으로 호출하는 창조자(conditor)의 통일적 단순성을 우리는 단일성 속에서 파악할 수도 있다.

이제 다시 그것들의 반대 개념들이 그 외연에서 마찬가지로 동일한지 여부를 검토해 보자. 앞서 상세히 설명했던 대로 무와 거짓된 것은 동일하다. 그런데 우리가 나쁜 것과 무가 서로 다르다고 주장할 경우에, 철학자와 신학자가 같이 항의할 것이다. 어떤 것을 나쁘게 만드는 것은 무로 만드는 것(=아무것도 만들지 않는 것)이고, 그래서 일상적으로 나쁜 것에 대해서는 작용인이 아니라 결핍의 원인(causa deficiens)이 있다고 말하기 때문이다. 그리하여 마치 나쁜 것에 대한 어떤 작용 원리가 있는 것인 양 좋은 것들의 원리와 나쁜 것들의 원리라는 두 원리를 정립한 자들의 광기는 논박된다. 그런데 사물을 분할한다는 것은 또한 그것을 파괴한다는 것과 같으며, 어떤 사물의 존재(esse)를 온전히 보전하면서 동시에 그 사물의 본성적 단일성을 박탈할 수는 없다. 왜냐하면 아리스토텔레스가 『형이상학』 제8권에서 알려 주듯이,[76] 전체는 자기의 부분들이 아니라 부분들로부터 발생한 하나이기 때문이다. 그래서 전체를 부분으로 분할하면 부분은 남겠지만 분할된 전체 그 자체는 남아 있지 않게 되고, 전체는 현실적으로 존재하기를 그치고 다만 가능적

76 아리스토텔레스, 『형이상학』 1044a 3-5; 1045a46-1045b.

으로 존재하게 되며, 마찬가지로 이전에 가능적으로 존재하던 부분들이 현실적으로 존재하기 시작한다. 그 부분들은 이전에 전체 속에 존재할 때는 고유한 단일성을 현실적으로 갖지 못했지만, 전체 자체로부터 분리되어 그 자체로 존속할 때에 비로소 단일성을 획득하기 때문이다.

제9장 어떻게 네 가지 것이 신 안에 존재하는가

이 네 가지 것이 어떻게 신에게 있는지 다시 검토해 보자. 〔그런데〕 신에게는 어떤 원인도 없기에 원인과의 연관성이라는 측면에서 네 가지 것은 신에게 있지 않다. 왜냐하면 만물의 원인인 신은 그 어떤 것에 의해서도 말미암지 않기 때문이다. 그렇지만 그것들을 두 가지 측면(ratio)에서 신에게서 고찰할 수 있다. 즉 자기 자신으로 존재하는 한에서의 신과의 관계 속에서 고찰하거나 다른 것들의 원인인 한에서의 신과의 관계 속에서 고찰할 수 있다. 이런 방식의 구별은 지금 당면한 주제와 관련해 피조물들에게 적용될 수는 없는데, 신은 원인 없이 존재할 수 있지만 다른 것들은 신에 의하지 않고는 존재할 수 없기 때문이다.

따라서 우리는 신을 모든 현실성(actus)의 전체(universitas)이자 존재 자체의 충만으로 파악하고자 한다. 신에 대한 이러한 방식의 이해로부터 그가 하나인 분(unus)이며, 그에 대한 어떤 대립자(opposita)도 파악할 수 없다는 사실이 귀결된다. 그러니 여러 제일원리를 지어낸 이들, 여러 신을 지어낸 이들이 얼마나 큰 오류를 범했는지 보라. 곧바로 또한 그는 가장 참된 것(verissimum)〔임이 귀결된다〕. 존재 자체인 그가 존재하는 것처럼 보이지만 존재하지 않는〔~인 것으로 보이지만 ~이지 않은〕 그 무엇을 대체 갖겠는가? 따라서 단언컨대, 그는 또한 진리 자체이다. 그런데 그는 또한 좋음(bonitas) 자체일 것이다. 플라톤의 『필레보스』에 의하면, 좋은 것에는 '완전한 것'(perfectum), '충분한 것'(sufficiens), '바람직한 것'(expetendum)이라는 세 가지 조건이 있다.[77] 그런데 우리가 이상의 방식으로 파악한 것은 완전한 것이니, 모든 것인 그에게는 그 무엇도 결여되어 있지 않을 것이다. 또한 그는 충분한 것이다. 왜냐하면 모든 것을 발견해 낼 수 있는 것을 소유한 이들에게는 그 무엇도 결여되지 않을 것이기 때문이다. 또한 그는 바람직한 것이리라. 왜냐하면 모종의 방식으로 추구할 수 있을 그 모든 것은 그로 인해, 그리고 또한 그의 안에 존재하기 때문이다. 따라서 신은 가장 충만한 실재(entitas)이고 분할할 수 없는 단일성(unitas)이며, 가장 확고한 진리이자 지복한 좋음이다. 그리고 내가 틀린 것이 아니라면 이것이 바로 피타고라스(Pythagoras)가 맹세했고, 또한 언제나 흐르는 자연의 원리라고 불렀던 테트락튀스/삼각수(τετρακτύς),[78] 즉 '넷임'(quaternitas)이다. 그런즉 오

---

77 플라톤, 『필레보스』 20c-d; "좋은 것의 부류는 필연적으로 완전한가, 아니면 완전하지 못한가. …… 좋은 것은 충족한가, 충족한 것이 아닌가. …… 그렇지만 좋은 것에 대해서는 이 점을 말해 두는 것이 가장 필요한 것 같으이. 즉 그것을 아는 모든 것은 그것을 추구하고, 또한 그것을 취해 자기 가까이 갖고 있기를 바라면서 그것을 지향……." 박종현은 각주 97에서 이 세 번째 것을 '택함직함'이라고도 한다. 뒤이어 21a에서는 이 세 가지 조건을 함께 갖춘 것이 '참으로 좋은 것'(τὸ ὄντως ἀγαθόν)이라고 칭하고 있다.

78 ἡ τετρακτύς: 가장 앞에 오는 네 숫자들(tetrad), 즉 1, 2, 3, 4의 합인 10을 말한다. 초기 피타고라스주의자들의 이론인지 혹은 후에 발명되어 피타고라스주의와 결합된 개념인지에 대해서는 이론이 분분하지만, 1세기 이후 피타고라스주의 형이상학을 대표하는 개념으로 정착했다. 완전과 완성의 상징인 동시에 수들이 지니는 산출력의 상징이다. 전하는 바에 따르면, 그들은 이 개념을 '흐르는 자연의 원천'(paga aneaou physeōs)으로 파악하고 전(全) 우주의 산출과 조화의 원리로 확장한다. 섹스투스 엠피리쿠스, 『학자들에 대한 반박』 VII, 94-5(김인곤 외 옮김, 『소크라테스 이전 철학자들의 단편 선집』, 아카넷, 2005, 185쪽에서 재인용; "〔피타고라스주의자들이〕 '테트락튀스'로 뜻하는 것은 처음 네 수들로 구성되어 가장 완전한 것을 내보이는, 이를테면 10과 같은 어떤 수이다. 1, 2, 3, 4의 합은 10이 되니까. 이 수는 첫 번째 테트락튀스이며, 언제나 흐르는 자연의 원천으로 불린다. 우주 전체가 그 자체로 조화에 따라 정

직 하나인 신에 다름 아닌 이 〔네 가지 것이〕 만물의 원리임을 우리는 증명했으며, 우리 역시 신성하고 확고하면서 신적인 것들을 걸고 맹세하니, 저 네 가지 것보다 더 확고하거나 신성하거나 혹은 더 신적인 것이 대체 무엇이 있겠는가?

〔그런데〕 만약 사물들의 원인으로서의 신에게 우리가 이 네 개의 명칭을 부여할 경우에는 순서 전체가 뒤바뀔 것이다. 우선 그는 원인으로 파악되기 이전에 자기 자신으로 파악되기에, 그는 '하나인 분'(unus)일 것이다. 그리고 둘째로 그는 좋은 분(bonus)일 것이고 셋째로는 참된 분(verus)이며, 그리고 넷째로 그는 존재자(ens)일 것이다. 다시 말해 이른바 목적인이 범형인에 선행하고, 범형인이 작용인에 선행한다. 왜냐하면 맨 먼저 우리는 날씨의 위해(危害)로부터 우리를 지켜줄 것을 갖기를 욕구할 것이고, 그다음으로 집의 이데아를 정신으로 파악하며, 그 후에야 우리는 외부에 작용을 가함으로써 그 집을 질료 속에서 형성해내기 때문이다. 그러므로 만약 우리가 앞의 제8장에서 정의했던 방식대로 좋은 것이 목적인과, 참된 것이 범형인과, 그리고 존재자가 작용인과 연관된다면, 원인으로서의 신은 우선 좋은 것이라는 규정을, 그다음으로 참된 것이라는 규정을, 마지막으로 존재자라는 규정을 가지게 될 것이다. 이것들은 여러 중요한 문제를 낳을 것이지만, 우리가 여기에서 짧게 언급한 것은 이것이 전부이다.

렬되어 있고, 조화는 세 협화음, 즉 제4음과 제5음 및 옥타브의 체계이며, 이 세 협화음의 비율들이 앞서 언급된 네 수, 즉 1, 2, 3, 4에서 발견되는 한에서는 말이다").

제10장 모든 논의가 삶의 지침과 품행의 개선에 대한 것으로 전환됨

그러나 우리 자신이 아닌 다른 것에 대해 논의하지 않기 위해 가장 높이 있는 것들을 탐구하면서 저속하게 살지 않도록, 즉 천상의 것들의 이치를 탐색할 수 있는 능력을 하늘로부터 부여받은 우리에게 가당치 않은 방식으로 살지 않도록 조심해야 한다. 우리는 오히려 신적인 것에까지 도달할 수 있는 길이 열려 있는 우리 정신이 사멸하는 종자로부터 존재할 까닭이 없다는 것, 그리고 오직 신적인 것들을 소유할 경우에만 행복하게 되리라는 것을 끊임없이 성찰해야만 한다. 이방인으로서 이 땅을 여행하는 동안에 지상의 것들에 대한 염려를 뒤로 하고 신적인 것들을 위해 고양되면서 불타오를수록 우리 정신은 행복에 도달한다. 그러나 지금 이 논의가 무엇보다 우리에게 일깨우는 바는, 복되고 싶다면 우리 속에 단일성(unitas), 진리(veritas), 좋음(bonitas)을 지니고 있으므로 만물 가운데 가장 지복한 신을 모방해야 한다는 것이다.

단일성의 평화를 깨뜨리는 것은 야망(ambitio)이다. 야망은 자족하는 영혼을 영혼 자신으로부터 떼어 내 조각조각 분리해 찢고 흐트러뜨린다. 진리의 광휘와 빛을 쾌락의 구름이라는 진창 속에서 잃어버리지 않을 이가 대체 누가 있겠는가? 너무나도 탐하는 욕망, 즉 탐욕은 좋음을 우리로부터 훔쳐 간다. 당신이 거머쥔 좋은 것들을 타인들과 공유하는 것이 좋음의 특징이기 때문이다. 바로 이 때문에 플라톤은 신이 왜 세계를 지으셨는지를 묻고는 "그 자신이 자체로 좋은 이였다"[79]라고 대답했던 것이다.

그러므로 생의 오만함, 육신의 욕정, 두 눈의 욕정이 이상의 세 가지

---

79 플라톤, 『티마이오스』 29e.

악덕이니, 요한의 말처럼 이것들은 세계로부터 나온 것들이지, 단일성 자체이고 진리 자체이며 좋음 자체인 아버지로부터 나온 것들이 아니다.[80] 그러므로 악한 자 안에 처한 이 세계로부터 도주하자. 하나됨의 평화, 최고의 참빛, 최선의 즐거움이 있는 아버지께 날아가자. 그러나 그곳으로 날아갈 날개를 누가 줄 것인가? 앞서 있는 것들에 대한 사랑이다. 반대로 누가 날개를 꺾을 것인가? 땅에 있는 것들에 대한 애욕이다. 이를 좇으면 우리는 단일성, 진리, 좋음을 잃어 버릴 것이다. 만약 우리가 덕(virtus)의 연합(foedus)에 힘입어 굽이진 감각과 천상을 바라보는 이성을 결속하지 못하면, 우리는 하나의 사람(unus)이 될 수 없고 오히려 교대로(per intervalla) 두 군주(princeps)가 우리 속에서 통치하게 될 것이다. 그리하여 우리는 때로 정신의 법칙을 통해 신을, 또한 때로는 육신의 법칙을 통해 바알(Baal)을 섬기며, 우리의 나라는 자기들끼리 분열해 반드시 황폐해질 것이다. 그런데 만약 이성이 감각을 섬겨 오직 지체(肢體, membrum)의 거짓된 법칙만이 통치함으로써 우리가 하나의 사물(unum)이 된다면, 우리는 참되지 못할 것이기에 이러한 단일성은 거짓 단일성에 지나지 않을 것이다. 이 경우에도 우리는 인간이라고, 즉 이성을 갖춘 살아 있는 동물이라 진술되고 여겨지지만, 〔그럼에도〕 감각적 욕구를 법칙으로 갖는 동물일 것이다. 우리는 그러한 우리를 바라보면서 우리와 함께 살아가는 자들을 속일 것이다. 모상(模像)이 자신의 범형과 일치하지 않을 것이다. 신을 따라 우리는 지어졌다. 그러나 신은 영(靈, spiritus)이지만, 바울(Paulus)의 말을 쓰자면 우리

80 「요한의 첫째 서간」 2 : 16; "세상에 있는 모든 것, 곧 육(肉)의 욕망과 눈의 욕망과 살림살이에 대한 자만은 아버지에게서 온 것이 아니라 세상에서 온 것입니다"(quoniam omne quod est in mundo concupiscentia carnis et concupiscentia oculorum est et superbia vitae quae non est ex Patre sed ex mundo est).

는 영적이지 않고 동물적이다.[81] 진리를 통해 범형으로부터 우리가 벗어나지 않으면, 좋음을 통해 그에게 향해 언젠가 그와 결합하는 일만이 남을 것이다.

일자, 참된 것, 좋은 것이라는 이 셋이 영속적인 결합에 의해 존재자에 영원히 결속되어 뒤따르므로, 만약 우리가 저 셋(일자, 참된 것, 좋은 것)이 아니라면, 우리는 존재하는 것처럼 보일지라도 전혀 존재하지 않을 것이다. 그리고 비록 우리가 살아 있다고 보일지라도 우리는 살아 있다기보다는 끊임없이 죽는 것이라라.

81 「코린토스 신자들에게 보낸 첫째 서간」 2 : 14; "그러나 현세적 인간은 하느님의 영(靈)에게서 오는 것을 받아들이지 않습니다. 그러한 사람에게는 그것이 어리석음이기 때문입니다. 그것은 영직으로만 판난할 수 있기에 그러한 사람은 그것을 깨닫지 못합니다"(animalis autem homo non percipit ea quae sunt Spiritus Dei stultitia est enim illi et non potest intellegere quia spiritaliter examinatur); 「코린토스 신자들에게 보낸 첫째 서간」 15: 46; "그러나 먼저 있었던 것은 영적인 것이 아니라 물질적인 것이었습니다. 영적인 것은 그다음입니다"(sed non prius quod spiritale est sed quod animale est deinde quod spiritale).

모든 종류의 학문에 정통한 조반니 피코 델라 미란돌라의 생애[1]

—저명한 군주 갈레오토 피코의 아들 **잔프란체스코**가 출판함

잔프란체스코 피코 델라 미란돌라가 안게라(Angera)의 자작(子爵)이자 밀라노의 공작(公爵)이신 루도비코 마리아 스포르차(Ludovico Maria Sforza)에게

지극히 고명한 군주이시여, 후대의 독자들을 위해 저명한 이들의 생애에 대해 글을 쓰는 자들 가운데 한 부류는 혈육 관계나 학파로 묶인 사람의 이름이 탐식하는 시간[2]에 사그라지지 않고 불의한 망각에서 온전히 보호받도록 전기(傳記)를 썼습니다. 플리니우스(소플리니우

1 피코의 생애를 다룬 이 번역의 저본은 Bologna, 1496의 editio princeps이다. 온라인 주소는 다음과 같다; https://https://daten.digitale-sammlungen.de/0006/bsb00068573/images/, 필요한 경우 Bruno Andreolli, 1994와 Brian P. Copenhaver, 2022의 비판본을 참조했다.

2 오비디우스, 『변신이야기』 XV, 234-236; "모든 것을 **먹어 치우는 시간**이여, 그리고 시기심 많은 노년이여, 너희들은 모든 것을 파괴하고 세월의 이빨로 갉아먹으며 그것들이 천천히 다가오는 죽음 속에서 차츰차츰 소멸하게 하는구나!"(**Tempus edax** rerum, tuque, invidiosa vetustas, omnia destruitis, vitiataque dentibus aevi paulatim lenta consumitis omnia morte).

스, Gaius Plinius Caecilius Secundus)가 자신의 삼촌 플리니우스(대플리니우스, Gaius Plinius Secundus)에게, 포르피리오스(Porphyrios)가 자신의 스승 플로티노스(Plotinos)에게 보인 것이 바로 이런 신의(pietas)입니다. 한편, 나머지 부류도 전기를 썼는데, 보다 미래를 내다보는[3] 것이라 할 수 있는 이 작업은 고인에 대한 영원한 기억보다 살아 있는 자들의 삶을 대비하기 위한 것이었습니다. 그래서 히에로니무스(Hieronymus)는 힐라리우스(Hilarius)에 대해, 아타나시우스(Athanasius)는 안토니우스(Antonius)에 대해, 세베루스(Severus)는 마르티누스(Martinus)에 대해, 파울리누스(Paulinus)는 암브로시우스(Ambrosius)에 대해 지치지 않는 그들의 노력과 너무도 빈틈없는 품행, 그리고 찬란하디 찬란한 업적을 문서로 남겼음을 우리는 알고 있습니다. 이는 신의 영광이 온 세상에 펼쳐지고 동시에 그 학설과 품행 모두에 의해 사람들이 훌륭하고 복되게 살도록 지금 고무하기 위함입니다.

나는 이상의 사례에 매혹되어 펜으로 조반니 피코의 생애를 추적하는 일이 대단히 가치 있다고 여기게 되었습니다. 한편으로 이것은 자신의 영적인 호혜로 나를 채워 자라게 한 삼촌이자 나의 스승께 이를테면 빚을 갚기 위함이오, 다른 한편으로는 우리의 동시대인들과 후대인들이 이 사람에 감탄하도록 이야기하기 위함입니다. 피코의 모범은 사멸하는 인간에게 죽음이 임박했음을 환기하고 그를 절제 있게 가르칠 수 있게 하면서도 그에게 배움이 풍부히 넘치도록 할 수 있기 때문입니다. 고대는 말할 것도 없거니와 만방의 식자들 가운데 으뜸가는 자리를 그

3 auspicatius: 로마 시대 조점(鳥占)을 의미하는 'auspicium'에서 유래한 형용사 'auspicatus'의 비교급이다.

가 차지했다는 점에는 추호의 의심도 없습니다.

제 말이 어쩌면 반감을 살 수 있겠지만, 그럼에도 분명한 사실입니다. 이는 격언대로 속속들이(intus et in cute)[4] 피코에 대해 탐구했던 사람들이 인정했던 바입니다. 피코는 다섯 개의 언어를 알았고 인문학과 신학[5]에 정통했으며, 사멸하는 인간들과 연관된 모든 학문을 성취했습니다. 그 학문들 가운데 일부는 그가 어둠 속에서 파헤친 것이며, 또한 일부는 그가 착안해 낸 것입니다. 그리고 이러한 모든 성취는 31세가 되기 이전에 이루어졌습니다. 이러한 사실을 알게 된다면, 마찬가지로 제 말은 부조리하게 들리지 않을 것입니다.

현재 공개된 『일곱형상론』(*Heptaplus*), 『변명』(*Apologia*), 『존재자와 일자』(*De ente et uno*), 그리고 여러 다른 저작은 비록 충분히 합당한 찬사를 결코 받지는 못했음에도 〔제 말에 대한〕 막대한 신빙성을 제공합니다. 이들 작품 모두는 자체로 탁월하거니와 현명한 자들이 판단해 추천한 것으로, 누군가 그것들을 비난하거나 악평한다면 혹은 간단없이 최고로 찬사하지 않는다면 그는 문헌에 무지하거나 혹은 악의를 품고 있다는 불리한 판결을 자신에게 언도하고 있다는 의구심을 사아낼 정도입니다. 많은 사람이 그를 선망하고 소수의 사람만이 그를 따라 하지만, 그 누구도 그를 비난할 수 없을 것이고 모든 사람이 그에 대해 경탄할

4 Aulus Persius Flaccus, *Saturae*, III, 30; "나는 너를 내밀하고 밀접하게 알고 있다"(ego te intus et in cute novi). 직역하면 '내부와 피부에서'로, 여기에서 '피부에서'란 'ἐν χρῷ'의 라틴어로 '가깝게'(closely)라는 의미로 사용된 것으로 보인다. 내적으로, 그리고 밀접하게 알고 있다는 의미일 것이다. 잔프란체스코는 사물이나 사람을 내밀하게, 그리고 철저히 조사하고 파악한다는 의미로 사용한다.

5 humana et divina philosophia.

것입니다.

그의 나머지 저술은 이어서 출간될 것입니다. 특히 점성술에서의 역병에 대한 논박은 많은 노고를 기울여 성심껏 작성한 것으로 훌륭한 양식을 갖춘 사람들이 기다리며 요구했습니다. 또한 우리가 여러 조각으로 떨어진 필사본을 하나로 모은 작품도 여럿 있습니다. 그것은 곧 외부에 공개되어 가능한 빨리 그 생생한 광휘로 우리의 몽매한 눈을, 미신이라는 오염된 증기로 감염된 우리의 눈을 밝히도록 할 것입니다. 나라를 다스리는 업무에서 벗어나 휴식을 취할 때, 그 책들을 때때로 음미해 볼 수 있을 것입니다.

점성술사들의 이론은 미치광이들의 꿈과 같은 가장 순수한 거짓말일 뿐임이, 그리고 상술한 문서들에 의해 그들의 속임수가 드러난다는 것을 당신께서는 틀림없이 확신하게 될 것입니다. 이를 읽고 이해하시면 우리의 개구리를 모방하며 완전히 미쳐 버릴 때까지 개굴개굴 울어댔던 저따위 허풍선이 교수들은 마케도니아인들의 방식대로 침묵하게 될 것입니다.[6] 제 기억에 이 일에 대한 논의 가운데 일부를 당신께 증언했습니다.

일단 제가 다른 누구보다 당신께 바치기로 결심한 이 글을 당신이 기꺼이 받으시기를 바랍니다. 당신에 대한 제 믿음과 경의, 곧 제가 당신께 복무하는 동안 분명하고 확고한 것으로 여기셨던 그 믿음과 경의가 잊혀지지 않도록 하기 위함일 뿐만 아니라 그 믿음이 계속되면서 커 나

6 플리니우스, 『박물지』 XI 268; "마케도니아에서는 개구리가 소리를 내지 않는다."

간다는 것을 당신이 아시기 위함입니다. 또한 가장 위대한 왕들은 자신에게 책을 헌사하는 것이 언제나 명예롭고 영광스럽다고 생각했기에, 제가 당신께 거슬리는 일을 하는 것은 아니리라 생각했습니다.

이외에 당신께 사랑을 바치며 정의를 두 배로 완수하라는 소임을 촉구하면서 당신께 통치는 명예(honor)라기보다는 멍에(onus)임을 끊임없이 숙고하도록 권유합니다(이것은 언제나 지극히 훌륭한 군주의 의무였지요). 그래서 인간이자 군주인 당신을 가로막는 도처의 장애물을 살펴 정념을 적도(適度)에 맞게 지킴으로써, 그 장애물을 극복하고 당신 자신을 위해 영원한 행복을 얻게 되기를 권합니다.

잘 지내십시오, 훌륭하신 군주여. 1496년 3월 1일, 미란돌라에서.

내 삼촌 조반니 피코의 생애를 기술하기 시작하면서 우선 독자들에게 밝히고자 하는 것은, 나는 내 가문을 위해 혹은 내가 입은 실로 너무도 큰 은혜 때문에 거짓 칭송으로 보답한 적이 결코 없다는 것이다. 이는 내가 조카 혹은 제자라는 이유로 아첨꾼들이 하는 방식으로 모종의 감사를 표할 것이라 의심받을까 밝히는 바이다. 아첨을 떨 필요가 없으며, 내 이야기는 아첨과 동떨어진 것이다. 또한 그에 대한 내 생각을 모두 문자로 전달해 내 찬미가 거짓이거나 과장이라고 독자들이 여기지 않도록 조심했기에, 그의 그 탁월한 능력에 의해서든 그 능력을 인정하는 자들에 의해서든 간에 어쩌면 내 인색함이 입증될 위험에 처할 정도였다. 심지어 우리 시대 가장 박학한 사람들과 그 가운데서도 가장 으뜸가는 사람들이 힘써 작성한 글들은 그 증거가 될 수도 있다. 그 글들은 내가 말하려 하는 것을 대단히 풍부하게 증언할 뿐만 아니라 이 세상 빛을 사용하는 동안, 그리고 더 위대한 빛을 향해 이 세상 빛을 떠난 이후의 그의 품행과 학설을 예찬하는 데 있어 나를 능가했기 때문이다. 그에 대한 그 글들의 일부 진술을 이 책 말미에 첨부함으로써 혈연과 무관한 자들의 증언을 이용해 내 신뢰도를 강화하도록 했다.[7]

그의 부계 혈통은 처음에 황제 콘스탄티누스(Constantinus)에서 기원해 증손자 피쿠스(Picus)를 거쳐 전체 가문의 이름이 전해지게 되었지만, 이에 대해서는 생략하고 그가 탄생하던 시기에서부터 이야기를 시작할 것이다. 이것은 아마도 한편으로 그가 가문에 가져다준 명예가 가문으로부터 받은 것에 못지않기 때문이다. 또 다른 한편으로는 그의 족보와 그의 선조들이 행한 혁혁한 업적들은 제쳐놓고, 내가 내 눈과 귀

---

7 이 책 106~12쪽의 사보나롤라를 인용한 대목을 지칭하는 것으로 보인다.

로 받아들이거나 중요한 인물들로부터 취합한 것들로 그의 정신의 고유한 소질과 전(全) 생애, 그리고 죽음의 일련의 과정을 드러내 밝혀 열거해야 한다고 생각했기 때문이다.

교황 피우스 2세(Pius II)가 교회의 수호자이던, 그리고 프리드리히 3세(Friedrich III)가 로마 제국을 통치하던 처녀 출산 이후 1463년, 귀족 보이아르도(Boiardo) 가문 출신인 어머니 율리아(Iulia)는 잔프란체스코(Gianfrancesco)의 막내아들로 피코를 낳았다. 나의 아버지인 큰 형 갈레오토, 안토니오 마리아, 그리고 두 누이가 먼저 태어났다. 그 두 누이 가운데 지금은 로돌포 곤차가(Rodolfo Gonzaga)의 배우자가 된 한 누이는 그 이전에 레오넬로(Leonello)와 결혼해 카르피의 군주인 알베르토 피오(Alberto Pio) 한 명을 낳았다. 다른 누이는 포를리(Forlì)의 군주인 피노 오르델라피(Pino Ordelaffi)와 오래전에 결혼했는데, 그가 죽은 이후에 몬타냐노(Montagnano)의 백작과 재혼했다.

피코가 출생하기 전에 예사롭지 않은 전조(prodigium)가 있었다. 어머니가 출산할 때, 침실 위로 원형 불꽃이 솟아나 이내 사라졌다. 바로 그때 사멸하는 세상 사이에서 출생하는 자가 지구 도처에서 그 탁월한 명성으로 찬미를 받게 되니, 그 완성된 지성에 의해 원형과 비슷하게 되리라는 것을 아마 우리에게 암시하려는 것이었으리라. 불과 마찬가지로 그의 정신은 언제나 하늘에 도달할 것이며, 타오르는 정신에 어울리는 그의 불타는 미문(美文, eloquia)은 타오르는 불인 우리의 신을 온 힘을 다해 언제고 찬양하겠지만, 그 불이 다해 버리면 이내 사람들의 시야에서 숨게 될 것이라고.

실제 내가 읽었던 바에 따르면, 대단히 학식 있고 성스러운 사람이 태어날 때면 이례적인 징후가 먼저 나타나거나 뒤따랐다고 한다. 신의 의사에 따라 요람에 있는 그 유아를 다른 무리와 구별하고 지고한 업적을 성취하기 위해 태어난 이를 가리키듯이. 벌떼가—여타의 인물은 차치하고—위대한 암브로시우스의 입 주위를 빙빙 돌다가 입으로 들어간 후, 다시 나와 높이 날아올라 구름으로 숨어들어 친지와 현장에 있던 다른 이들의 시야에서 사라졌다. 파울리노(Paulino)는 이 징조를 중시하면서 암브로시우스의 저술에 담긴 벌집들을 우리에게 가리킨다고 설명했던 바가 있다. 천상의 선물을 설명해 주고 인간 정신을 땅에서 하늘로 올려 주는 벌집.[8]

그의 외모는 눈에 띄고 기품이 있었다. 큰 키, 부드러운 살갗, 대체적으로 잘생긴 얼굴, 붉은빛이 적당히 섞인 흰 피부, 청회색의 번뜩이는 눈, 자연스러운 금발, 그리고 하얗고 고른 치아.

어머니의 명령에 따라 스승을 찾고 수업에 참여하게 된 이후, 타오르는 열정으로 교양(humanitas) 연구에 매진해 금세 당대 최고의 시인들과 연설가들 사이에서 자신의 마땅한 자리를 차지하게 되었다. 그는 대단히 빨리 학습했으며, 또한 기민한 재능을 갖추고 있어 시가(詩歌)가 낭송되는 것을 한 번 듣고 나면 똑바로, 또 거꾸로 읊어 모두를 놀라게 하고는 견고하게 기억했다. 다른 사람들은 이와 반대의 일을 겪곤 한다. 천성적으로 명민한 재능을 타고난 이는 대개 좋은 기억력을 갖지 못하며, 반대로 배우는 데 있어 더 고생하는 사람은 배운 것들을 더 잘

8 Paulinus, *Vita Sancti Ambrosii*, II, 3.

기억하게 되기 때문이다.

14세가 되자, 성직(聖職)을 시작하기를 몹시도 바라던 어머니의 명령에 따라 그는 교회법(jus pontificium)을 배우기 위해 볼로냐로 이주했다. 이 학업을 2년 동안 시도한 이후, 그 학문이 순전히 전통에만 기대고 있음을 알아차리고는 몇몇 좋은 결실을 얻었음에도 다른 곳을 향해 갔다. 그는 아직 연약한 소년이었지만, 교령집[9]이라 불리는 교황들의 편지에서 일종의 개요와 요약을 작성해 냈다. 이로써 그는 그 법령(sanctio)들의 모든 결론을 가능한 한 더 간명하게 포함시켰는데, 이는 완숙한 전문가에게도 녹록치 않은 일이었다.

그러나 자연의 비밀을 탐구하고자 열망하던 피코는 잘 다져진 이 길을 피하면서 인간뿐만 아니라 신에 대한 지성적 사색과 철학에 철저히 몰두했다. 이를 달성하기 위해 그는 이탈리아뿐만 아니라 프랑스의 문예 김나지움을 답사 다니면서 플라톤과 아폴로니우스(Apollonius)의 방식으로 당대의 저명한 박사들을 대단히 꼼꼼하게 찾아다녔다.[10] 그 공부에 지치지 않고 매진해 그는 아직 수염이 나지 않았을 때에 벌써 정통한 신학자이자 동시에 철학자가 되었으며, 또한 그렇게 평가를 받았다.[11]

---

9 교황이 내리는 결정을 모은 책이며, 일반적으로 편지 형식을 취한다.

10 디오게네스 라에르티오스, 『유명한 철학자들의 생애와 사상』 III, 6; Philostratus, *Vita Apollonii*, I, 18-20. 아폴로니우스는 티아나의 아폴로니우스를 지칭한다.

11 어머니가 세상을 떠난 1478년으로부터 1년이 지난 1479년 이후, 피코는 페라라에서 철학을 배웠으며, 파도바에서는 아리스토텔레스주의 자연철학의 권위자인 니콜레타 베르니아(Nicoletta Vernia, 1420~99), 아베로에스주의자이자 유대 철학자인 엘리아 델 메디고(Elijah del Medigo, 1458~93) 등과 교류했다.

그 선생들 곁에서 7년을 머무른 이후, 피코는 인간의 찬사와 명예를 열망해 (이후 밝혀지듯이 아직 신의 사랑에 열이 오르지는 못했다) 로마로 이주했다. 그곳에서 이후 시기하는 사람들 입에 자신이 얼마나 많이 오르내리는지 보여 주기를 원하면서 그는 변증론, 수학, 자연학, 신학에 대한 900개의 논제를 제출했다. 그런데 그는 이들 논제를 라틴 문헌과 그리스 문헌의 모음 상자에서 구했을 뿐만 아니라 유대 비교(秘教), 칼데아와 아랍의 비밀에서도 파헤쳐 발굴해 냈다.

다시금 피코는 피타고라스(Pythagoras), 트리메기스투스(Trimegistus), 오르페우스(Orpheus)의 다소 모호한 여러 고대 철학의 요점과 카발라(이는 히브리 교리의 비밀스러운 전통으로 우리들 가운데에서는 특히 오리게네스(Origenes)[12]와 힐라리우스(Hilarius)[13]가 생각해 낸 것이다)의 요점을 이상의 질문들과 엮었다. 또한 〔그 논제에는〕 자연의 마법(magia naturalis)의 많은 요점도 있었는데, 그는 이 마법이 불경하고 죄악적인 것과 상당히 다르다고 설명했다. 그는 이를 여러 사람의 증언을 통해 유려하게 증명해 냈다. 또한 그가 직접 발명하고 성찰한 것으로 철학의 제문제를 해명하도록 응용한 72개의 자연학과 형이상학의 새로운 학설도 있었다. 여기에 그는 수(數)를 통해 철학하는 새로운 방법(institutio)을 결합했다. 그는 이들 논제가 더 쉽게 퍼지도록 공공장소에 모두 다 동시에 게시했으며, 논쟁을 위해 먼 지역에서 로마로 온 사람들에게는 자신이

---

12 오리게네스, 『켈수스를 논박함』 I, 24. 많은 주요 연구자는 오리게네스가 피코의 인간에 대한 이해에 깊은 영향을 끼쳤다고 분석한다. Pasquale Terracciano, "The Origen of Pico's Kabbalah: Esoteric Wisdom and the Dignity of Man", *Journal of History of Ideas*, vol. 79 (3), 2018, pp. 343~61.

13 Hilarius Pictaviensis, 310?~67: 푸아티에의 주교이자 교회학자로 생전에 아리우스파와 격렬히 충돌했다. 이에 '서방의 아타나시우스'라고도 불렸다.

경비를 돌려주겠다고 약속했다.

그러나 언제나 불처럼 높이 치솟아 오르고자 하는 비방자들의 적대감으로 인해 그는 논쟁 날짜를 결코 정할 수 없었다. 이로 인해 그는 로마에 1년 동안 머물렀는데, 이 기간 동안에 시비를 거는 자들은 정당한 시험으로(libero examine) 만인 앞에서 그를 공격하려 하지 않았다. 대신에 대다수가 생각하듯이, 그들은 독기에 찬 시기심으로 망가져 버렸기에 술책을 사용해 땅굴에서 그를 상처 입히고 비장의 무기로 그를 찌르려 했다. 그를 향한 이러한 시샘의 이유는 특히 오랜 기간 학문 활동에 종사했던 많은 사람에게서 기인한 것 같다. 그들은 어쩌면 자신들이 가진 야망과 탐욕으로 인해 비옥한 토지처럼 선조들의 부를 축적하고 여러 학문으로 풍족한 이 젊은이가 여러 세기 동안 우리 인간들이 접근하지 못했던 자연학적 문제, 신학적 문제 등 여러 문제를 대상으로 자신의 이론과 재능을 세계 제일의 도시에서 개의치 않고 시험할 경우, 자신들에게 불명예의 낙인이 찍힐 것이라 생각했을 것이다.

그들은 실제 무기로는 그의 이론을 전혀 무너뜨릴 수 없다는 것을 깨닫고는, 모략이라는 대포를 가져와 900개의 논제 가운데 13개가 올바른 신앙의 관점에서 의심스럽다고 고함을 질렀다. 아마도 이 사람들에 가담한 몇몇 사람도 있었을 텐데, 그들은 그 논제들이 생소했기에 신심이 가득하지만 무식한 방식으로, 그리고 신앙에 대한 열망으로 종교를 구실 삼아 그 논제를 비난했다. 하지만 실제로 저명한 신학자였던 소수의 인물은 그 논제들을 오히려 경건하고 정결하다고 승인해 그에 대해 동의를 표했다. 그 무리로 열거되는 이로 품행이 엄숙하다고 유명했던 레지오(Reggio)의 주교 본프란체스코(Bonfrancesco)가 있었는데, 그는 모든 종류의 학문을 배웠고 날카롭고 예리한 판단력을 지니고 있었다. 당시 그는 페라라 공작의 사절로 교황청에 파견되어 로마에 있었다. 그런데 그 수다쟁이들은 본프란체스코 주교에 반하는 어떤 시도도 하지 못했다. 본프란체스코는 자신이 논하는 것은 무엇이든 어머니 교회와 교황에게 수정을 위해 제출했기 때문에, 그 수다쟁이들은 아마 그의 명성을 뒤흔들 수 없을 것이라고 두려워했기 때문일 것이다.

그런데 피코는 자기 명성이 그렇게 실추되는 것을 견딜 수 없었기에 『변명』을 발표했다. 알아야 할 여러 지식으로 가득 찬 이 책은 그가 단지 20여 일 밤만을 지새워 만든 다양한 내용을 포괄하는 유려한 작품이다. 이 출판을 통해 피코의 논제에는 그리스도교적 의미가 포함될 뿐만 아니라 먼저 그를 향해 짖어대던 사람들에게야말로 무지와 오만의 죄를 선포해야 한다는 점이 명약관화하게 드러났다. 그는 지극히 그리스도교인다운 방식으로 이 책과 그가 이후에 쓰게 될 책들을 어머니 교회와 그 수호자의 성스러운 판단에 맡겼다. 그는 명시적으로든 암묵적으로든 간에, 그렇게 하는 것이 마땅하다고 확신했다. 피코는 "나는 실수할 수 있지만 이단이 될 수는 없다"[14]라는 아우구스티누스의 말을 유사하게(quasi) 인용했는데, 전자는 인간의 특성이지만 후자는 전도된 완고한 의지의 문제였기 때문이다.

그러나 교황 인노첸티우스 8세(Innocentius VIII)는 이전에 무고로 공격을 받던 피코의 논제들이 『변명』의 출판을 통해 그리스도교적으로 해석되어 범죄의 낙인을 벗었음을 인정했을 때조차 그 논제들을 담고

14 Augustinus, *De gratia Christi et de peccato originali*, II, 26.

있는 소책자를 읽는 것을 금지했다. 이후에 그 논제에 대한 심사를 요청받은 몇몇 사람이 그것들이 널리 퍼질 경우 신실한 이들이 올가미에 걸려들 수 있다고 회답했던 것이다(실제로 논쟁의 방식을 따르는 거칠고 해결되지 않은 논제들이 있었다). 이 모두는 지금의 교황 알렉산데르 6세(Alexander VI)의 이른바 「소칙서」(Breve)라는 인가서를 통해 드러나는데, 나는 그 서류를 인쇄인에게 맡겨 『변명』과 함께 출판하도록 했다.

그러나 피코는 『변명』의 마지막 부분에서 교황이 나중에 자신의 권위로 달성해 내는 것을 자신이 할 수 있던 논변을 이용해 먼저 수행했다. 실제로 그는 친구와 적들에게, 배운 이와 무지한 이에게 『변명』을 읽어 주라고, 하지만 해결되지 않은 논제들이 포함된 소책자 자체는 읽지 말고 내버려두라고 간청했다. 왜냐하면 그 소책자에 포함된 여러 논점은 삼거리 곳곳에 퍼지라는 것이 아니라 소수의 학식 있는 사람이 비밀 회동에서 논쟁하라고 기획했던 것이기 때문이다.

게다가 피코는 자신이 아카데미아의 방식에 따라 강단을 위한 연습을 구상했기 때문에, 불경하다고 공개적으로 혹은 사적으로 늘 주장하던 알렉산드로스(Alexandros)와 아베로에스, 그리고 여러 다른 사람 등 많은 고대 철학자의 불경한 교의들을 제시한 것이라고 밝혔다. 그리고 그는 그 교의들이 신앙의 길뿐만 아니라 참되고 올바른 철학의 길에서도 벗어난다고 선언했다. 더욱이 그는 『900논제』라는 소책자에 대해 다음과 같이 말하는 것으로 자기변호의 작업을 결론짓는다. "그러니 나를 미워하는 이들은 이들 논제를 읽지 말기를. 이것은 나의 것이니, 나를 사랑하는 이들은 이들 논제를 읽지 말기를. 내 것인 논제들 가운데에서 내 것이 아닌 여러 가지 것을 생각할 수 있을 테니."

또한 광대무변한 신의 선함은 나쁜 것들 가운데에서조차 좋은 것을 이끌어 내는 법이기에, 내게 말한 대로 피코는 악의를 가진 이들이 사특하게 제기한 참소(讒訴)가 오류를 올바르게 수정하는 결과를 일으켰다고 판단했다. 그리고 그가 어둠 속에서 배회할 때, 휘황찬란한 광채가 그를 조명해 자신이 진리의 협로에서 얼마나 많이 벗어나 있었는지를 볼 수 있게 되었다. 이전까지 그는 영광을 갈구하면서 공허한 사랑에 타올라 여인들의 유혹에 흔들리던 이였다. 얼굴과 육체의 아름다움 때문에, 게다가 학식, 막대한 재력, 귀족이라는 혈통까지 더해지니 많은 여인이 그에 대한 사랑에 불타올랐다. 피코는 그녀들의 관심을 꺼리지 않고 잠깐 동안 생명의 길을 등한시하고 향락에 빠졌다.[15]

하지만 이상의 질투를 겪고 정신을 차린 이후, 피코는 방탕에 파묻힌 자신의 마음을 억눌러 그리스도교로 향해 여인의 매혹을 천국의 복락으로 바꾸었다. 자신이 열망했던 미미한 작은 영광에서 등을 돌려 신의 영광과 교회의 편익을 전심(全心)을 다해 탐구하기 시작했으며, 심지어 이후 적대적인 심판자마저 인정할 수 있을 정도로 훌륭히 자신의 품행을 가지런히 했다.

---

15 실제로 피코는 1486년 파리에서 이탈리아로 돌아와 로마에서 학자들과 공개 토론회를 모의했던 그해에 꽤나 떠들썩한 스캔들을 터뜨렸다. 그것은 그가 로마로 가던 도중에 아레초에서 메디치 가문의 일원이었던 줄리아노(Giuliano Mariatto dei Medici)의 아내 마르게리타를 납치했던 일이었다. 물론, 이 스캔들은 실패로 끝났고 그 자신이 이에 대해 참회하기도 했지만, 가문이 가문이었던 만큼 소문은 널리 퍼졌다. 이 내용은 피코의 자전적 성격의 저서이기도 한 『지롤라모 베니비에니의 연가에 대한 논평』(*Commento alla canzone d'amore de Girolamo Benivieni*)에 기록되어 있다. Giovanni Pico della Mirandola, *Commentary on a poem of platonic love, 1463-1494*, University Press of America, 1986.

피코 자신의 명성과 영예가 가까운 지역과 먼 지역 모두에 걸쳐 퍼지자 마자, 능통하다고 평가받던 많은 철학자가 키케로(Cicero)의 말마따나 귀한 기예의 상점에(ad mercaturam bonarum artium)[16] 가듯이 그에게 모여들었다. 그들이 그렇게 했던 것은 학문적 논쟁을 일으키기 위해 혹은 더 올바른 뜻을 품은 이들의 경우에는 올바른 삶을 위한 이로운 학설을 경청하고 견지하기 위해서였는데, 이 학설은 일찍이 유약한 쾌락의 굽이진 방랑길을 따랐던 대단히 박학하고 고귀한 이에게서 흘러나온 것이기에 그들은 더욱더 갈망하고 있던 것이었다. 그 본성상 훌륭한 것이면서 동시에 왜곡되고 뒤틀린 애욕의 오솔길로부터 정의의 협로로 전향한 교사로부터 나온 것이야말로 청자(聽者)의 마음에 도덕 규율(disciplina morum)을 심어 주기에 더 중요하기 때문이다. 그는 다섯 권의 사랑의 비가(悲歌)를 지었지만 종교를 위해 불길에 던졌던 자이다. 마찬가지로 동일한 불이 동일한 이유로 그가 지은 에트루리아 운율의 시가들 역시 집어삼켰다.

28세가 되던 해에 피코는 성서 문구를 열렬히 연구해 받아들인 이후, 즉시 신의 성전에 자신의 첫 번째 결실을 바칠 수 있게 되었으니, 이것이 바로 6일의 창세(創世)와 하루의 안식에 대한 책인 『일곱형상론』(*Heptaplus*)이다. 그가 재능과 근면으로 공들여 완성한 이 작품에는 철학자들의 숭고한 교의들뿐만 아니라 우리 그리스도교 신학의 심오한 비의들이 가득 차 있었다. 이 작품은 그 제목에 걸맞게 일곱 가지의 다양한 서술 방식에 따라 일곱 개의 장(章)이 결합되고 그 각각의 장에 또 일곱 개의 설명이 이어진다. 하지만 그 대상들이 자연의 품에서 파낸

16 키케로, 『의무론』 III, 16.

것이기에, 그 신학적 문제들이 읽기 어렵기에, 또한 그 뜻을 선지자가 완전히 감추어 버렸고 그 표현은 유려하기에, 철학과 능변에 무지한 자들이 그 어디에서도 접근할 수 없었고 그 드물고 값진 도구는 오직 소수의 사람에게만 허용될 뿐이었다. 피코 스스로도 이를 알았기에 책 서문의 말미에 이 점을 정중하게 언급한다.

성서를 시음하자마자 피코는 참된 지혜뿐만 아니라 능변도 자신이 발견해 냈다고 기뻐 날뛰곤 했다. 『신약성서』에 대한 그의 많은 찬사를 차치하고서도 그는 바울의 편지에 담긴 유려한 능변이 모든 연설가의 글들을 능가한다고 말하곤 했다. 여기에는 키케로는 물론이거니와 그가 제일가는 언술가(artifex dicendi)라 불렀던 데모스테네스(Demosthenes)도 포함된다. 이는 그들의 글처럼 바울의 편지가 도처에서 긁어모은 분(粉)으로 가득 꾸며져 미사여구로 범벅되어서가 아니다. 바울의 편지는 참된 견해와 문예가 지탱하는 참되고 굳건하면서 유려한 냄새와 맛을 내기 때문이다. 요컨대, 그의 편지는 이집트의 자원(opes Aegyptiorum)[17]을 일부러 채우지 않았기 때문이다.

더욱이 피코는 『구약성서』의 말씀 전부가 가장 완전한 지식과 지혜로 가득하다고 칭송하곤 했다. 테르툴리아누스(Tertulianus), 에우세비우스(Eusebius), 카시오도루스(Cassiodorus)와 같은 다른 이들의 주장처럼 아우구스티누스 역시 『그리스도교 교양』(*De doctrina Christiana*)에서 보든 고대의 문법학자, 수사학자, 연설가, 철학자는 자기 능변

17 Plinius, *Panegrycus*, XXXI, 2: "우리의 도시(=로마)는 **이집트의 자원 없이는** 자양할 수도 유지할 수도 없다고 오랫동안 믿었다"(percrebuerat antiquitus, urbem nostram **nisi opibus Aegypti** ali sustenarique non posse).

과 교의의 물을 성서라는 원천으로부터 마셨다고 설명하지만, 피코는 직접 다른 무수한 논증을 이용해 이 점을 주장해 나갔다.[18] 저명하디 저명한 『일곱형상론』의 서문(exordium)과 두 번째 설명에 대한 서언(prooemium)에서 읽어 낼 수 있는 그 논증의 일부는 중요하다.

『일곱형상론』을 출간한 2년 뒤, 성서를 계속해서 읽어 나가는 가운데 피코는 10개의 장으로 나뉜 『존재자와 일자』라는 작은 저작을 완성했다. 이 저작으로 말하자면, 비록 그 분량은 짧았으나 큰 뜻을 품고 있었고 온갖 대목은 철학자들과 신학의 심오한 교의와 견해로 물들어 있었다. 이 책에서 그는 일자가 존재자보다 우월하지 않고 서로 상응하며, 그 외연이 동일하다고 밝힌다. 이에 그는 이 문제를 둘러싸고 플라톤 추종자들과 아리스토텔레스 추종자들 사이에서 일어났던 논쟁을 검토하며, 대립을 주장하는 아카데미아학파가 플라톤의 진정한 교의를 좇지 않았음을 증명한다. 이로써 그는 다른 모든 사안에서처럼 비록 말은 다를지언정 존재자와 일자와 관련된 플라톤과 아리스토텔레스 사이에 공통 견해가 없지 않음을 증명하려 했다. 또한 그는 마지막 장에서 재기가 넘칠 뿐만 아니라 신실한 방식으로 모든 논의를 삶의 지침과 품행의 개신에 대한 것으로 전환했다.

다른 경우에 훌륭한 철학자였던 파엔차의 안토니오(Antonio da Faenza)는 네 통의 편지로 이 작품에 대한 몇몇 반론을 제시했다. 피코는 그 가운데 세 편지에 대해서는 직접 응답했으나, 네 번째 편지에 대해서는 내가 아는 한 언급하지 않았다. 아마 약속과 달리 전달되지 않

18 아우구스티누스, 『그리스도교 교양』 II, 43.

았거나, 이전에 쓴 글로 반박할 수 있다고 여겼거나 혹은 타당하다고 믿을 만한 모종의 이유 때문이었을 것이다. 피코가 세상을 떠난 이후에 그에게 적대적인 자들이 거짓을 짖어 대거나 무식한 이들이 악의적인 무엇인가를 믿을 기회가 생기지 않도록 나는 안토니오에게 소임 삼아 응답했는데, 특히 신경 써 보여 주려 했던 점은 바로 내 응답의 대부분이 피코가 직접 쓴 이전의 주장들로부터 나왔다는 것이다.

또한 나는 피코가 모국어로 정리한 플라톤 사상을 보았는데, 그는 그 가운데 여러 대목이 고대인들의 신학을 풀어 준다고, 아울러 여러 대목이 은유와 수수께끼 속에 감추어진 현자들의 생각을 드러낸다고 파악했다. 내게 여유가 더 생기면 아마도 그것을 라틴어로 옮기려 시도할 텐데, 그것은 이러한 사안들에 대한 그토록 훌륭한 사람의 너무나도 탁월한 교의들이 평민들 누구나의 눈앞에 너무도 쉽게 제시되지 않도록 하기 위함이다.

여기까지가 그가 마음에 품으며 연마했던 빛나는 작품들에 대한 전령이자 길라잡이로 세상을 떠나기 전까지 내보냈던 완성된 결과물들이다. 그의 해석의 횃불은 이미 『구약성서』를 조명했는데, 『신약성서』에 대해서도 마찬가지의 채비를 갖추는 것이 그의 사명이었다. 피코는 일련의 문자가 전하는 의미들을 드러냈을 뿐만 아니라 해당 대목에 각각 세 가지 의미의 신의 말씀으로 이어질 것들도 덧붙였다. 피코는 그리스어와 히브리어 판본과 일치하지 않는 우리의 〔라틴〕 사본 문장들을 비교했다. 그런데 그가 특히 염두에 두었던 것, 그리고 주해 양식에 대해 그가 품었던 생각 전반의 기저에 자리 잡았던 것은 다른 사람들의 이론을 소개하려는 것이 아니었다. 그것은 이미 있었고 이미 읽혔으며,

이미 알려졌기 때문이다. 오히려 그는 전적으로 자기가 발견하고 성찰한 것들을 논술해 진리에 굶주린 영혼들을 다른 사람이 아닌 자기 능력으로 힘껏 만족시키려 했다.

이후에 그는 히브리어 어법에 능숙해지자 히브리인들의 비방에 맞서 히에로니무스 번역의 정확함에 대한 소책자를 펴냈다. 또한 바로 그 히브리인들에 맞서 「시편」에 대한 70인 번역자를 위한 변론을 발표했다.[19] 그리고 정확한 시대 계산에 대한 소책자도 저술했다.

마지막으로 그는 교회의 일곱 적대자를 물리치는 데 전념했다.[20] 그리스도에 복종하지도 않고 교회에도 복종하지 않는, 그리하여 교회의 적이 되는 이는 다음과 같다. (1) 불신자로 있으면서 믿어야 할 어떤 교리도 받아들이지 않는 자, (2) 거짓 우상을 섬기면서 이러한 모습을 한 악령을 숭배하는 자, (3) 아무런 가망도 없는 유대인 관습에 따라 모세의 법을 실천하는 자, (4) 흉악한 무함마드(Muhammad)를 따르면서 그의 경멸스러운 견해에 사로잡힌 자, (5) 행함이 아닌 오직 이름만 그리스도인일 뿐 참마음으로 살아가지 않는, 그래서 복음의 증거를 전복하고 가톨릭교회에 완강하게 불화하면서 반항하는 자, (6) 정순한 신앙이 아니라 여러 미신이 섞여 부정해진 복음을 받아들인 자, (7) 굳건하고 정결하며 일관된 믿음으로 복음을 받아들이면서도 그 행함에 있어 거스르는 자.

---

19 Giovanni Pico Della Mirandola, *Expositiones in Psalmos*.

20 피코는 교회의 일곱 가지 적에 맞서 싸우는 호교론적 서작을 기획했다. 그가 기획한 일곱 가지 가운데 오직 한 부분인 『점술용 천문학 논박』(*Disputationes adversus astrologiam divinatricem*)만이 전해지고 있다.

다른 이들을 가축 떼처럼 모으는 통솔자라 할 수 있는 이 일곱 적을 바로 그들 자신의 무기로 무찌르기 위해 피코는 이들과 대결했다. 어떤 종교의 명에에도 고개 숙이지 않고, 또한 어떤 신성에도 헌신하지 않으면서 오직 자연적 이성만을 숭배하는 불신자 철학자와는 바로 그 이성으로 다투려 했다. 히브리인들과 싸우려 할 때에는 『구약성서』의 문장과 유대 학파 자신들의 약점을 이용했다. 『쿠란』(*Quran*)에 기대어 무함마드와 교전하러 갔다. 우상 숭배자는 약간의 힘만으로 많은 상처를 안기면서 쓰러뜨렸다.

망령된 미신에 사로잡힌 이들, 특히 점술용 천문학을 연마하는 이들을 피코는 참된 철학과 천문학자들의 독특한 논변을 이용해 맹렬히 비난했다. 그리고 그는 이를 위해 계획된 13권 가운데 이미 완성된 12권의 책에서 그들의 망상을 신랄히 비판했다. 마침내 그는 수점(數占), 흙점(土占), 화점(火占), 창자점(腸子占)과 여타의 것을 하나씩 타파했다. 그런데 그는 점성술사들을 향해 전투 대형을 이끌면서 총력을 갖춘 공성차를 배치했다고 분명하게 밝혔다. 비록 그들의 이론이 쓸모도 가치도 없지만, 다른 미신들과 미쳐 버린 오레스테스(insanus Orestes)[21] 조차 가까이하지 않을 그런 여타의 것은 그들의 오류에 기대어 궁도를 관찰해 그 의의를 판단하거나, 적기(適期)를 고르기 위해 이른바 '호의적'(benignus)이라는 육각형이나 삼각형을 결합하기 때문이다.

21 Horatius, *Satyrarum libri*, II, 3, 134-138; "그가 어머니를 살해한 후 **미쳤고**, 날카로운 칼을 엄마의 목구멍으로 데우기 전에는 푸리아이에 추동돼 정신 나갔다고 믿지 않는가?"(an tu reris eum occisa **insanisse** parente ac non ante malis dementem actum Furiis quam in matris iugulo ferrum tepefecit acutum)

피코는 일체의 점성술을 철저히 전복하는 것에 만족하지 못했다. 그는 만사(萬事) 가운데 가장 무익한 점성술이, 이렇게 말해도 된다면, 번역이 왜곡되어 더 무익하게 되었음을 우리 시대의 점성술사들, 특히 그리스어에 무지한 점성술사들에게 보여 주고 싶었다. 그래서 그는 다른 방식으로 점성술사들에 반대하려는 듯이, 보통 『백언』(百言, *Centiloquium*)이라 불리던 프톨레마이오스(Ptolemaeos)의 『과실』(果實, *fructus*)을 두 줄 쓰기를 하면서 그리스어에서 라틴어로 옮기고 대단히 우아한 해설로 꾸몄다.[22] 요컨대, 프톨레마이오스의 책에는 〔원본의〕 말보다 더 많은 오류가 널리 퍼진 번역으로 인해 담기게 되었지만, 프톨레마이오스의 무지한 추종자들은 그 번역을 마치 값진 보고라도 되는 양 비밀스레 수호했음을 피코는 보여 주는 것이다.

그리스도에 대한 신앙에 그릇된 견해를 지니고 어머니 교회의 강령을 따르지 않는, 보통 이교도라 부르던 자들을 피코는 『신약성서』와 논증을 모두 이용해 대단히 탁월한 방식으로 꾸짖었다. 이교는 대략 90개 정도가 있다고 공공연히 받아들여진다.[23] 그러나 피코는 그것을 모두 조사해 200개를 찾아내고는 그 각각을 제거하고 무찌르자고 제안할 뿐만 아니라 그들이 잘못 받아들인 오류들이 철학의 어떤 부분에서 기인해 지탱되고 있는지를 보여 주겠다고 제안했다.

---

22 브라이언 P. 코펜하버(Brian P. Copenhaver)에 따르면, 잔프란체스코가 목격한 판본은 피코의 번역본이 아니라 조반니 폰타노(Giovanni Pontano)의 1475년 번역본으로 추정된다. 피코는 폰타노의 번역본을 일부 수정했고, 잔프란체스코가 목격한 것은 그 노트였다는 것이다. Gianfrancesco Pico della Mirandola, *Life of Giovanni Pico della Mirandola* / Giovanni Pico della Mirandola, *Oration*, ed. and tr. Brian P. Copenhaver, Harvard University Press, 2002, n. 26.

23 Guido Terrena, *Summa de haeresibus et earum confutationibus*, 1528.

마지막으로 피코는 행함 없이 믿음(fides sine operibus)[24]만 보이는 그리스도인들을 격렬히 비난했다. 또한 단죄받은 이들의 육신을 영원히 처벌하기 위해 지구의 중앙에 불이 놓여 있고 육신뿐만 아니라 혼(魂)에 가해지는 그런 종류의 여타의 상상할 수 없는 징벌이 있으며, 육신과 결합된 혼이 신성을 보는 데서 한없는 기쁨을 누린다는 것은 믿으면서도 믿음을 요구하는 교회의 말씀에는 복종하지 않는 일이 대체 어떻게 가능한지, 그럼에도 어떻게 그들은 도처에서 악행에 미쳐 부(富)를 쌓는 데에만 힘쓰고 처벌을 거의 두려워하지 않으면서 신의 나라를 좀처럼 열망하지 않을 수 있는지에 대해 피코는 열심히 탐구했다. 아울러 피코는 질병의 성질에 따라 적절한 도움을 제공하려 시도했다. 본디 더럽고 흉한 질병은 신랄하고 쓰라린 약으로 지져 버리려 했고, 더 사소한 악의에 감염되어 상처와 흉터를 아물게 할 필요가 있을 때에는 부드러운 약을 발라 진정시키려 했으며, 건강을 회복해 재발을 염려하는 이들에게는 건강에 대단히 유익한 약과 최선의 해독제를 마련해 주려 했다.

피코는 오류를 제거하고 이방인을 물리치고 나면 철학에 대한 연구가 도처에서 다시 활발해지리라는 희망을 품고 다른 여러 작업에 착수했다. 그는 특히 그 가운데에서도 플라톤과 아리스토텔레스의 일치를 꼽곤 했는데, 이미 시작했던 그 작품은 그가 몇 년을 더 살았더라면 완성해 냈을 것이다.

---

24 「야고보 서간」 2:26; "영이 없으면 육체가 죽은 것과 같이, **믿음도 행함이 없으면** 죽은 것입니다"(Sicut enim corpus sine spiritu emortuum est, ita et **fides sine operibus** mortua est).

그는 철학을 요람에서부터 젖을 먹이면서 양육해 우리 시대에 이르러 성인으로 이끌어, 이 시대의 철학자에게는 더이상 그리스어 문헌도, 라틴어 문헌도, 이방인의 문헌도 필요하지 않을 정도가 되었다. 그는 물을 머금은 탈레스(Thales)를, 불붙은 헤라클레이토스(Heraclitos)를, 원자들로 둘러싸인 데모크리토스(Demokritos)를 소환했을 것이다. 또한 그의 도움과 후의에 힘입어 오르페우스와 피타고라스, 그리고 다른 고대인들도 아카데미아로 모이게 되었을 것이다. 이후 철학의 왕들(principes philosophiae), 즉 신화라는 외피와 수학이라는 덮개로 꽉 싸여 있던 플라톤과 운동에 싸여 보호받던 아리스토텔레스는 악수하면서 다가올 우정에 대한 신의를 공고히 했을 것이다.

피코는 이미 오랫동안 충돌해 왔던 아베로에스와 아비첸나(Avicenna), 그리고 토마스 아퀴나스(Thomas Aquinas)와 둔스 스코투스(Duns Scotus) 사이에서 많은 사안과 관련해 영구 평화가 아닐 경우에는 휴전이라도 성립시켰을 것이다. 누군가는 그들 사이의 여러 논쟁 속에서 서로 다른 말을 더 주의 깊게 찾아 저울질하고, 더 면밀히 조사하고 껍질을 벗겨 내 감추어진 내면의 깊은 심연에까지 정신적으로 도달하겠지만, 피코는 갈라져 싸우는 용어 속에서 의미의 통일을 모호함에 빠지지 않고 발견해 냈을 것이다. 피코는 현대인들 가운데 일부 무리에 대해서는 그 공덕을 칭송했지만, 일부에 대해서는 그 과오를 비난했다. 그리하여 신께 온전히 헌신한 피코는 가능한 무기들로 교회를 옹호하려 했다. 그리고 그는 (사람들의 말처럼) 데모크리토스의 우물로부터 숨어 있던 진리를 길어 올리려 했으며, 많은 이의 정신을 질식시키던 뽑아낼 수 없는 무지의 잡초와 밑에서 자라나는 해로운 풀을 철저히 끊어 잘라내려 했다.

그러나 그토록 공들여 많은 밤을 지새운 그의 노동은 죽음이 다가오자 거의 헛수고가 되었다. 피코는 자기 설명의 많은 부분을 깎아 다듬었지만, 그것은 우리가 아니라 오직 자기 자신만을 위해 쓴 미완성으로 남겨졌기 때문이다. 정신이 신속하게 궁리해 내는 것에 맞추어 그의 손은 재빠르게 써 내려갔다. 이전에 그는 글씨를 대단히 아름답게 썼지만, 너무도 빠르게 궁리해 내는 습관 때문에 그가 써 내려간 것들은 거의 이해할 수 없게 되었다. 그는 글씨를 여기저기 도처에 쓰곤 했고 새로운 내용은 위에 쓰면서 이전의 내용을 지워 버렸기에, 내가 발견한 그의 수고(手稿) 가운데 어떤 대목은 바래고 흩어졌고, 어떤 대목은 심지어 두서없이 작성되었다. 그리하여 결국 전부가 수풀이나 잡탕(farrago)으로 치부될 만큼 뒤죽박죽 섞여 있었다.

교회의 적을 겨냥해 기치를 내건 일곱 내용의 책 가운데 일부[25]는 흔한 말로 모루에서 줄칼까지(ab incude ad limam)[26] 이르도록 점성술사와 점술가들을 특히 신랄하게 비난했다. 나는 상당한 공을 들이고 신경을 써서 거의 맞지도 않는 얼룩진 사본으로부터 해당 대목을 이끌어 냈다. 그 작품에서 피코는 그의 모든 논고에서 식별할 수 있는 범접할 수 없는 재능을 갖춘 최고의 철학자임을, 최고의 신학자임을, 최고의 연설가임을, 그리고 가톨릭교회의 가장 예리한 변호자임을 입증해 낸다.

또한 아직 가다듬지 않은 몇몇 단편을 내 집에서 발견했는데, 바로

---

25 『점술용 천문학 논박』을 말한다.

26 Ovidius, *Tristia*, I, 7, 29-30; "그 작품은 **모루질 중에** 탈취되어 내 작업에는 마지막 **줄칼**이 없다"(ablatum mediis opus est **incudibus** illud, defuit et coeptis ultima **lima** meis).

'주님의 기도'(Oratio Dominica)에 대한 해설과 거의 설명되지 않은 상당히 간략한 훌륭하게 살기 위한 약 50개의 규칙이 그것이다. 만약 그가 생존했다면, 그 규칙을 모두 여러 장(章)으로 만들어 냈을 것이다. 아울러 그는 신께 드리는 두 개의 애원가(哀願歌)를 더 고된 연구로 지칠 때마다 리라(lyra)에 맞추어 노래 불러 그 마음을 어루만질 수 있도록 하나는 에트루리아 운율로, 다른 하나는 비가(悲歌)의 운율로 지었다. 갓 청년이 되었을 때, 피코는 모든 종류의 음악 예술에 성취를 이루었으며, 그가 직접 발상해 낸 곡조와 노래를 부르도록 기록한 화성은 유명하다고 평가될 정도였다.

나는 피코의 서류함에서 뒤죽박죽 있는 여러 가지를 보게 되었는데, 그것들로부터 모종의 유용한 것을, 특히 「시편」에 대한 해설을 묶어 낼 수 있으리라 생각했다. 또한 그가 다양한 시절에 친지들에게 쓴, 때로는 학문적으로 쓴, 때로는 권고를 위해 쓴 대략 50통의 편지가 로마에서 논쟁했다면 발표했을 연설문과 함께 발견되었다. 아직 24세가 되지 않은 청년의 이 연설문은 그가 직접 쓴 다른 저술들과 마찬가지로 대단히 명민한 재능과 넘치는 배움의 향취를 풍길 뿐만 아니라 지극히 비옥한 능변에 대한 증거를 매우 풍부하게 제공한다.

피코는 언제나 외래의 문체가 아닌 본토의 권장할 만한 문체를 다양한 사안에 따라 형형색색의 방식으로 사용했다. 그는 이른바 이소크라테스(Isocrates)의 향유 상자(myrothecium)[27]를 완전히 다 써버렸음에도,

27 Cicero, *Epistulae ad Atticum*, II, 1, 13; "내 책은 **이소크라테스의 향유 상자** 전부와 그의 제자들의 모든 작은 상자, 그리고 아리스토텔레스의 몇몇 물감도 다 써버렸다" (meus autem liber totum **Isocrati myrothecium** atque omnis eius discipulorum arculas

품격 있고 웅장하면서 장식된 문체를 보존했다. 겔리우스(Gellius)가 기술한 세 표현법[28]과 마크로비우스(Macrobius)의 네 표현법[29]을 포괄하는 유명한 종류의 표현법을 피코 자신의 저작에서 우리는 어렵지 않게 모을 수 있다. 거기에는 키케로가 특히 뛰어났다고 전해지는 풍부함(copiosum), 살루스티우스(Salustius)의 특징으로 돌리는 간결함(breve), 프론토(Fronto)에게 부여되던 건조함(siccum), 플리니우스와 심마쿠스(Symmachus)가 간드러지게 사용했다고 전해지는 다채로움(pingue)과 화려함(floridum)의 방식이 포함된다. 아마도 브루투스(Brutus)라면 피코의 이러한 풍부함을 유약(elumbis)하다고 말하지 않았을 것이며,[30] 살

---

ac non nihil etiam Aristotelia pigmenta consumpsit).

28 Gellius, *Noctes Atticae*, VI, 14; "시가와 산문 모두에는 승인할 만한 세 가지 화법이 있는데, 그리스인들은 이를 'kharaktēres'라 부르고 'hadros', 'iskhnos', 'mesos'라 이름을 붙였다. 우리도 첫 번째 것을 '풍요함', 두 번째 것을 '소박함', 세 번째 것을 '중용'이라 부른다. 풍요한 문체는 고상함과 웅장함, 소박한 문체는 우아함과 정교함, 중용은 경계에 있으며 두 문체 모두의 특성을 받아들인다"(Et in carmine et in soluta oratione genera dicendi probabilia sunt tria, quae Graeci χαρακτῆρας vocant nominaque eis fecerunt ἁδρόν, ἰσχνόν, μέσον. Nos quoque (quem primum posuimus "uberem" vocamus, secundum "gracilem," tertium "mediocrem." Uberi dignitas atque amplitudo est, gracili venustas et subtilitas, medius in confinio est utriusque modi particeps). 그는 호메로스에게서 풍부함은 오디세우스, 소박함은 메넬라오스, 중용은 네스토르를 통해 구현되며, 라틴 문헌에서는 바로(Varo)를 인용해 파쿠비우스(Pacuvius), 루킬리우스(Lucilius), 테렌티우스(Terentius)가 각각의 문체를 실현한다고 주장한다.

29 Macrobius, *Saturnalia*, V, 1, 7; "에우세비우스가 이르기를, 화법에는 네 가지 종류가 있다. 키케로가 출중했던 풍부함, 살루스티우스가 지배하는 간결함, 프론토의 특징으로 돌리는 건조함, 그리고 소(小)플리니우스와 오늘날 그 어떤 고대인에게도 뒤처지지 않는 우리 시대의 심마쿠스가 몰두한 다채로움과 화려함"(Quattuor sunt, inquit Eusebius, genera dicendi: copiosum, in quo Cicero dominatur: breve, in quo Salustius regnat: siccum, quod Frontoni ascribitur: pingue et floridum in quo Plinius Secundus quondam et nunc nullo veterum minor noster Symmachus luxuriatur).

30 타키투스(Tacitus)는 브루투스가 키케로의 문체를 나약(fractus)하고 유약(elumbis)하다고 평했다 전한다. Cornelius Tacitus, *Dialogus de oratoribus*, XVIII, 6; "또한 칼

루스티우스는 과도하다(immoderata)고 말하지 않았을 것이다.[31] 프론토의 건조함은 물기를 머금었고(humectatam), 살루스티우스의 간결함은 길게 뻗었고, 플리니우스의 다채로움과 화려함은 더 광대한 분야로 옮겨졌음을 옳게 판단하는 연설가는 어렵지 않게 파악할 것이다. 여기에 피코의 말에 의하면, 파도바의 방언이 배제된 리비우스(Livius)의 젖빛 샘물(fons lacteus)을 추가하고[32] 아풀레이우스(Apuleius)의 수많은 작은 꽃을 던져 주어라.

그러나 피코는 그리스인들로부터 빌려 온 철학, 『아티카의 밤』 혹은 베르길리우스(Vergilius)의 『아이네이스』를 칭송하기 위해 지었던 이야기 『사투르날리아』, 『로마사』, 심오하고 난해한 관찰이 배제된 순전한 자연사 등에 열중하지는 않았다. 오히려 그는 거룩한 가톨릭교회의 적들을 공격하고 경이로운 세계의 건설에 경탄하는 일에 땀투성이가 되었으며, 점성술사들을 제거하느라 지쳤다. 아울러 그는 신학 문제들을

비우스는 키케로를 느슨하고 무기력하다고 비판한 반면, 브루투스는 나약하고 **유약**하다고 비판했다"(Rursusque Ciceronem a Calvo quidem male audisse tamquam solutum et enervem, a Bruto autem, ut ipsius verbis utar, tamquam fractum atque **elumbem**).

31 Sallustius, *Invectiva in Ciceronem*, II; "혹은 가령 너는 마르쿠스 피소에게서 그따위 **과도한** 능변을 너의 순결함을 잃지 않고서도 철저히 배웠는가"(aut scilicet istam **immoderatam** eloquentiam apud M. Pisonem non pudicitiae iactura perdidicisti).

32 퀸틸리아누스(Quintilianus)는 '젖빛 샘물'이라는 말 대신에 '젖빛 풍요'(lactea ubertas)라는 말로 리비우스를 표현한다. Quintilianus, *Institutio Oratoria*, X, 1, 32; "리비우스의 **젖빛 풍요**는 진술의 아름다움이 아니라 신용을 구하는 사람을 가르치지 못할 것이다"(neque illa Livii **lactea ubertas** satis docebit eum, qui non speciem expositionis, sed fidem quaerit). 이때 그가 사용하는 젖빛(lacteus)이라는 단어는 단순한 풍부함이 아닌 명확성과 단순성이라는 의미까지 포괄하는 개념이다. 이후 히에로니무스는 리비우스를 능변의 젖빛 샘물(lacteus eloquentiae fons)로 칭한다. Hieronymus, *Epistolae*, LIII, 1 참조.

규명하기 위해 플라톤과 아리스토텔레스를 일치시키느라 애썼고, 성서의 말씀을 해설하는 데 매달려 혼신의 힘을 다해 벗들을 재촉하고 권유했다.[33]

그런데 피코는 우리가 논하는 이상의 능변을 추구하지 않고 오히려 더 세심히 매춘부의 분칠에 열중하면서 모든 정신력을 낱말의 어원을 추적하는 데 쏟던 이들을 나무랐다. 이 모두로 인해 대다수의 사람은 더 열렬히 피코에 경탄하게 되었는데, 왜냐하면 능변이라는 꽃으로 라틴 문헌을 가득 채우지 않겠다고 한 작가들의 문헌에 피코는 대단히 호의적으로 오랫동안 몰두했기 때문이다. 이런 문헌을 고대를 넘치도록 사랑하는 자들이라면 기꺼이 받아들였을 것이다. 왜냐하면 비록 그 문헌들은 더 간결하고 간명하지만 나보다 더 박식한 자들, 곧 에르몰라오 바르바로(Ermolao Barbaro), 카르멜리타의 바티스타(Battista Mantovano), 마르실리오 피치노(Marsilio Ficino), 마테오 보소(Matteo Bosso), 그리고 다른 여러 대단히 박학하고 능변인 사람이 제시했던 것보다는 더 참되기 때문이다.[34]

---

33 피코는 점성술 논박, 호교론적 작업, 플라톤과 아리스토텔레스의 일치를 위한 철학적 탐구를 위해 겔리우스, 마크로비우스, 베르길리우스, 리비우스, 플리니우스 등의 세계지와 거리를 두었다는 말이다.

34 이와 관련해 수사학과 철학의 관계에 대한 에르몰라오 바르바로와의 편지 논쟁이 특히 유명하다. 이들의 편지는 바르바로의 다음과 같은 재치 있는 인사로 시작한다. "당신께 저(Barbarus)는 배은망덕한 야만인(barbarus)으로 보일 수밖에 없습니다." 엄밀한 고전학적 방법, 우아한 문체와 수사학의 중요성을 강조하면서 스콜라철학자들을 강하게 비판한 바르바로에 맞서 피코는 철학과 수사학을 분리하며, 스콜라철학이 빈약한 문체를 능가하는 심오한 사유를 드러낸다고 주장한다. 피코에 따르면, 철학과 수사학은 구별된다. 수사학의 대상은 말이지만, 철학의 대상은 실재(res)이다. 연설가는 미사여구를 통해 청자(聽者)를 설득해야 하지만, 철학자는 인식을 목적으로 삼아 진리를 증명한다. 그래서 철학과 수사학은 양립 불가능하다. 또한 언어에서

그는 광대한 그리스어와 라틴어 서고를 믿을 수 없이 재빨리 통독하고 발췌해 기회만 된다면 그 어떤 논고도 읽지 않고 빠뜨리는 법이 없었다. 초기의 교회 박사들에 대해 그가 습득한 지식으로 말하자면, 전 생애를 오직 그들의 책을 읽는 데 쓴 사람들조차 믿기 어려울 정도로 막대한 양이었다. 한편, 피코에게는 보통 파리 식(式)이라 불리는 문체를 사용하는 근래 신학자들[35]에 대한 뛰어난 통찰력이 있었다. 따라서 그들 가운데 어떤 이가 잘못 설명하여 난해하기에 깊이 파고들어야 하는 문제를 가지고 누군가 갑자기 의표를 찌를 때마다 그는 탁월한 재능으로 대단히 능숙하게 그 문제를 개방해 드러냈기에, 아마도 여러분은 저 박사들이 한 모든 진술이 무수히 눈앞에 있다고 말했을 것이다.

그는 모든 학파를 마찬가지로 잘 알았고 책의 모든 갈피들을 조사했지만, 요즘 사람들처럼 그들 가운데 한 사람에 몰두해 나머지를 무시했다고 생각해서는 안 된다. 어릴 때부터 그는 그들 모두에게서 진리를 구하고 진리가 반짝반짝 빛날 때에는 개인적인 애호를 배제한 채 찾아낸 진리에 대해 마찬가지의 경의를 품는 태도를 교육받아 갖추었기 때

의 표현과 별개로 무언의 숙고를 통해 도달할 수 있는 인식의 영역 또한 존재한다. 궁극적으로 인간은 혀가 없어도(sine lingua) 세련된 어문에 익숙하지 않은 교양 없는 인간(non est humanus)으로 살 수 있지만, 심장이 없어(sine corde) 철학이 결여된다면 인간이 될 수 없다(non est homo). 바르바로와 피코의 편지의 개략과 그 영역은 Quirinus Breen, "Giovanni Pico Della Mirandola on the Conflict of Philosophy and Rhetoric", *Journal of History of Ideas*, 13(3), 1952, pp. 384~412 참조. 이에 대한 상세한 연구는 Jill Kraye, "Pico on the Relationship of Rhetoric and Philosophy", in: M. V. Dougherty (ed.), *Pico Della Mirandola: New Essays*, Cambridge University Press, 2007, pp. 13~36 및 n. 2의 참고문헌 참조.

35 알베르투스 마그누스, 토마스 아퀴나스, 둔스 스코투스 등을 지칭하는 것으로 보인다.

문이다. 그렇지만 보통 더 많은 유명세를 지녔던 사람들 각자에 대해 그가 어떻게 생각했는지는 『변명』 서문에서 이방의 철학자, 그리스 철학자, 라틴 철학자들의 특징과 공적을 보고한 데서 확인할 수 있다.

갈리아의 방식으로 논쟁적으로 저술했다고 언급되는 철학자들과 신학자들에 대해 논의할 때, 피코는 그들 모두보다 토마스 아퀴나스를 칭찬하곤 했는데, 그 이유는 토마스가 기대고 있는 진리의 기반이 다른 이들보다 확고한 것이었기 때문이다. 또한 그는 토마스를 『일곱형상론』에서 '우리 신학의 광휘'(nostrae theologiae splendor)라 부른다. 나를 포함한 사람들이 이에 대해 자주 질문했으나, 그는 같은 답을 내놓았다. 또한 그의 호교론적 저작에 포함된 몇몇 논점이 분명 보통의 경우에는 토마스의 견해와 대립하는 것일지라도, 그 누구도 이들 논점으로 인해 반대되는 견해로 설득당해서는 안 된다. 아직 젊었을 때, 가장 유명한 도시에서 영예를 갈망하던 피코는 모든 측면을 방어함으로써 레온티노이(Leontinoi)의 고르기아스(Gorgias)의 방식대로 명성을 추구했을 것이다.[36] 아울러 수많은 명제 가운데 고작 세 개 혹은 네 개의 명제에만 토마스에 동의하지 않았는데, 그렇다고 이로 인해 반대자가 되지도 않았다.

더 나아가 피코는 논쟁에 대단히 정통했다. 그는 마음이 끓어오르는

36 고르기아스의 방식(Mos Gorgiae)이란 르네상스 시기에 유행했던 고르기아스의 "역설과 풍자, 반어법을 모방하는 자유 토론"을 지칭한다. 피코는 『인간 존엄성에 관한 연설』에서 모든 학문의 모든 명제를 토론에 부치는 당대의 분위기와 일정하고 범위가 뚜렷한 사안만을 대상으로 삼는 자신을 대비한다(조반니 피코 델라 미란돌라, 성염 옮김, 『인간 존엄성에 관한 연설』, 철학과현실사, 166쪽). 그러나 잔프란체스코는 피코 역시 당대의 유행을 좇고 있다고 보는 것 같다.

동안에는 학문의 장(場)에서 매우 열심히 빈번하게 분투했다. 그가 반박할 때 사람들은 스코투스의 날카로움과 깨어 있음을, 프란시스[37]의 예리함을, 페트루스 아우레올리(Petrus Aureoli)의 복잡함과 풍부함을 쉽게 발견할 수 있었을 것이다. 그 특징들은 수많은 변곡을 포함하면서도 서로 매듭지어져 있었고, 그 매듭은 간지러운 기지(奇智)보다 진지함에 기대고 있었다. 그가 응답할 때 토마스의 용기와 견고함을, 알베르투스 마그누스(Albertus Magnus)의 광대함을 알아볼 수 있을 것이다. 그러나 그는 이 논박들과 꽤 오래전에 결별했으며, 날이 갈수록 점점 더 그 일을 싫어하게 되었다.

피코는 논쟁을 대단히 멀리하게 되었다. 도미니코 수도회 총장이 페라라(Ferrara)에서 공의회를 소집했을 때, 페라라의 에르콜레 데스테(Ercole d'Este) 공(公)과 공사들은 피코가 논쟁에 흔쾌히 참여하도록 애써 요청할 정도였다. 그는 오랫동안 그 요청에 따르기를 주저하다 많은 요청이 있자, 이를 승낙하면서 자신에 대해 상당한 호의를 지녔던 군주의 뜻을 따랐다. 이로 인해 그가 조예가 더 깊게 보이는지 혹은 더 유창하게 보이는지, 더 박학하게 보이는지 혹은 더 교양 있게 보이는지가 불분명하게 되었다. 논쟁하는 그의 얼굴에는 언제나 유쾌한 마음이 드러나, 신랄하고 어려운 문제가 아니라 즐겁고 온유한 사안에 대해 논의하는 것처럼 보였다. 그리하여 그의 말을 몰입해 듣던 사람들에게는 그에 대한 대단한 사랑이 피어오르고 있었다. 그러나 그는 그것이 변증론자의 의무이지 철학자의 의무는 아니라는 격언을 종종 언급했다.

37 프란치스쿠스 데 마이로니스(Franciscus de Mayronis)를 지칭한다.

다시 피코는 이로운 논쟁이란 진리를 추적하고 캐묻기 위해 외떨어진 공간에서 지켜보는 사람 없이 고요한 마음으로 이루어지는 것이며, 가장 해로운 논쟁이란 학식을 드러내거나 대중의 귀를 사로잡아 숙련되지 않은 이들의 박수갈채를 얻어내려 공개된 곳에서 열리는 것이라 말하곤 했다. 또한 해로운 논쟁을 벌이는 자들이 뻔뻔히 돌아다니도록 부추기는 명예에 대한 욕망과 함께 논쟁하는 이에게 오명을 씌워 창피하게 만들려는 욕망이 뗄 수 없는 끈으로 결합되지 않기란 거의 혹은 전혀 불가능하다고 피코는 생각했다. 그것은 영혼에 대한 치명적 손상이자 애덕에 대한 치사(致死)의 독(毒)이다.

그는 소피스트의 속임수와 궤변, 그리고 '계산'(calculatio)이라 불리는 돼지머리 구정물들(quisquiliae Suiseticae)[38]을 잘 알고 있었다. 이는 더 까다롭다고까지 말할 것은 아니더라도 더 정밀한 자연적 발상에 적용되는 수학적 연구를 지칭한다. 물론, 피코는 이들에 대해 배운 바가 있었고 이탈리아에서 널리 알려지지는 않았던 그러한 종류의 저작들을 읽었다. 피코가 발걸음으로 살피지 않고 충분히 탐색하지 못할 정도로 길

---

38 '계산가'(Calculator)라는 별명이 붙었던 옥스포드의 수학자이자 자연철학자인 리처드 스윈스헤드(Richard Swineshead)와 로저 스윈스헤드(Roger Swineshead)를 지칭한다. 특히 리처드 스윈스헤드는 『계산서』(*Liber calculationum*)에서 다양한 범주의 자연철학적 대상에 양적 측정의 기술을 도입하는 실험을 수행했다. 그의 저술은 15세기 이탈리아에서 많은 관심을 받았던 것으로 전해진다. 당대 이탈리아에서의 스윈스헤드의 영향력은 피코에 대한 치타디니의 편지에서 다음과 같이 드러난다. 안토니오 치타디니, 『두번째 반박』; "당신은 복자 토마스가 보에티우스나 아우구스티누스와 동등하거나 더 훌륭하다고 보시는 건가요? 저 자신은 모든 이의 책을 이미 오래전에 읽었고 매일매일 읽고 있으나, 스윈스헤드나 기타 등등 우리 시대의 브리타니아 사상가들이 착안해 낸 것들을 무시하거나 등한시하는 이들을 훌륭한 정신을 갖추었다고 평가하지 않습니다."

이 막혀 다가갈 수 없는 저작이란 있을 수 없으니 말이다. 그럼에도 불구하고 그는 이러한 연구들을 경멸하고 혐오했던 것 같다. 내가 보기에 그들 이론을 널리 사용하는 것은 동료에게 오명을 가하고 응답할 때 기억을 약하게 하는 반면, 혼신의 힘을 기울여야 한다고 생각하던 진리의 발견에 있어 거의 혹은 전혀 기여하지 못한다고 피코는 판단했던 것이다.

하지만 더 많은 사연을 뒤따르다가 독자들을 붙잡아 놓지 않기 위해 요약하겠다. 누군가는 능변으로 빛나면서도 자연의 비밀에 대한 무지로 창피를 당했다. 누군가는 외국어를 할 줄 알았으나 철학자들의 명제 모두에 대해서는 잘 알지 못했다. 누군가는 고대인들의 발견을 일람하면서도 새로운 이론을 만들어 내지는 못했다. 누군가는 오직 인류를 위한, 그리고 인간의 은총을 위한 학문을 추구할 뿐, 인간이자 신인 그리스도 나라의 이득을 위해 추구하지는 않았다. 그러나 훌륭한 피코는 어느 하나 특출하지 않으면서도 만사에 참여하는 이가 아니라 모든 학문의 성취를 이룬 자로서 이 전부를 동일한 열의로 받아들여, 그것들이 마치 그에게 무더기로 떼 지어 모여드는 것처럼 보일 지경이었다. 그리하여 여러분이 만약 그 학문들 중 어떤 학문을 피코에게서 조사하더라도 여러분은 피코가 그 학문이 자신의 주요 학문이라 골랐다고 판단했을 것이다. 이보다 더 놀라운 것은 그가 이 학문들을 자기 스스로 재능의 힘과 진리에 대한 사랑으로 스승 없이도 성취했다는 것이다. 그러니 에피쿠로스가 자기 자신에 대해 말하곤 했던 것처럼 우리는 피코에 대해 다음과 같이 표현할 수 있다. 그는 자기가 자신에 대한 스승이었다.[39]

39 디오게네스 라에르티오스, 『유명한 철학자들의 생애와 사상』 X, 13; "아폴로도로스

피코가 대단히 짧은 시간 동안 그토록 경이로운 결과를 성취할 수 있었던 다섯 가지 이유를 나는 다음과 같이 발견했다. (1) 믿을 수 없는 지성, (2) 대단히 탁월한 기억력, (3) 우리말, 그리스어, 이민족의 언어로 된 책을 사는 데 도움이 되었던 막대한 재력(나는 그가 모든 학문의 책을 획득하기 위해 그때까지 7,000금화를 썼다고 말했던 것을 기억한다),[40] (4) 지치지 않고 끊임없는 연구, (5) 마지막으로 현세의 것들에 대한 무시가 그것들이다. 만약 그가 고대 스파르타 시대에 나왔더라면, 아리스토텔레스의 말을 믿어 볼 때 그 시절은 그를 '신적인 사람'(vir divinus)이라 호칭했을 것이다.[41]

그러나 내 생각에 이제 피코의 지적 능력들은 내버려두고 지금은 그가 한 행위와 관련된 영혼의 탁월한 부분들을 설명해야 할 것 같다. 신을 향해 불타는 그의 마음을 널리 알리기 위해, 그리고 빈곤한 이들을 위해 지출한 그의 재산을 칭송하기 위해, 마지막으로 신의 법에 몸을 바친 사람들이 모든 좋은 것의 창조자께 감사할 기회를 가능한 풍부하게 갖도록 〔피코의〕 대단히 엄격한 품행들을 공공연히 찬양해야겠다.

는 『연대기』에서 이 사람(=에피쿠로스)이 나우시파네스와 프락시파네스에게서 배웠다고 말한다. 그러나 에피쿠로스 자신은 에우륄로코스에게 보낸 편지에서 그것을 부정하고 자기 자신에게서 배웠다고 말한다."

40 Pearl Kibre, *The Library of Pico della Mirandola*, New York: Columbia University Press, 1936, pp. 3~22 참조. 코펜하버에 따르면, 7,000금화는 잔프란세스코가 미란돌라와 콘코르디아에 있는 피코의 부동산을 획득하기 위해 지불했던 값의 $\frac{1}{4}$에 해당한다. Gianfrancesco Pico della Mirandola, *Life of Giovanni Pico della Mirandola* / Giovanni Pico della Mirandola, *Oration*, ed. and tr. Brian P. Copenhaver, Harvard University Press, 2002, p. 46.

41 아리스토텔레스, 『에우데모스 윤리학』 1248a 27-30; "왜냐하면 우리 안에 있는 신성이 어떤 식으로 모든 것을 움직이기 때문이다. 이성의 원리는 이성이 아니라 그보다 더 나은 것이다. 신 외에 무엇이 지식과 '정신'보다 더 낫겠는가?"

세상을 떠나기 3년 전에[42] 피코는 통치에 대한 노심초사를 제쳐놓고 통치권의 향방에 대해 등한시하면서 깊은 평화 속에서 지낼 수 있도록 미란돌라와 콘코르디아에 있던 영토의 $\frac{1}{3}$에 해당하는 그의 전(全) 상속 재산을 — 그것을 선물한 것인지, 판매한 것인지는 모르겠으나 — 내게 주었다. 그가 그렇게 한 이후 황제 막시밀리안 1세(Maximilian I)께서 율리우스 카이사르(Julius Caesar)의 관후(liberalitas)로 이를 보증했다. 그분은 우리의 왕, 요컨대 직속 주인(immediatus dominus)이신데, 미란돌라와 콘코르디아가 완성된 이후에 긴 시간 동안 로마의 왕과 황제의 옥좌를 계승했던 이들만을 우리가 인정했기 때문이다.

이 합의로부터 습득한 재산이 얼마이든 간에, 피코는 그 일부를 빈민들에게 베풀었으며, 또 일부는 자신과 가족을 부양하도록 땅을 사는 데 썼다. 콕 집어 말하자면 페라라 지역에 있는 코르볼라(Corbola)를 수천 금화로 마련했다. 마찬가지로 그는 많은 은식기와 값이 나가는 가구를 가난한 이들이 사용하도록 나누어 주었다. 몇몇 요리 접시와 은식기에는 이전에 누리던 다소간의 호화로움이 남아 있었지만, 그는 적당한 식사에 만족했다. 아울러 그는 매일매일 제시간에 신께 기도를 드렸다. 가난한 이들이 나타나면 언제나 그들에게 돈을 주었다. 또한 이에 만족하지 않고 피렌체의 시민이자 식자, 그리고 피코 자신에 대한 크나큰 사랑과 온전한 품행 때문에 대단히 좋아했던 지롤라모 베니비에니(Girolamo Benivieni)[43]에게 자신의 돈으로 궁핍한 이들을 언제든 구제해

42 1491년을 말한다. 참고로 막시밀리안 1세는 1486년 로마 왕으로 선출되어 1493년 오스트리아의 대공으로 등극한다.

43 Girolamo Benivieni, 1453~1542: 피렌체의 시인이자 음악가이며, 피코와는 1479년 만났다. 피코는 그에게 신플라톤주의를 공부하도록 권유했다고 전해진다. 이후에 피

달라고 부탁했다. 더불어 베니비에니에게 처녀들을 결혼시킨 다음에 곧바로 자기에게 다시 알려 주어 지출된 경비를 즉시 복구할 수 있게 하라고 부탁했다. 그 일을 그에게 위임한 것은 중재자인 그를 통해 피코가 모르던 빈민들의 어려움과 비참함을 더 쉽게 위로할 수 있기 때문이다.

또한 그는 자주 '자신의 몸으로부터의 자선'(elemosina de corpore proprio)을 제공했는데, 이를 묵과하고 그냥 넘어가서는 안 될 것 같다. 히에로니무스의 말을 빌리자면, 우리는 많은 이가 곤궁한 사람들에게 손을 내밀지만 육신의 쾌락과 유혹에 빠져 버린다는 것을 알고 있다. 그러나 피코는 특히 우리의 구원을 위해 그리스도의 고난과 죽음을 기리는 날에 그분의 지극한 은혜를 기리고 잘못을 속죄하기 위해 스스로 자신의 육신을 때리곤 했다. 종종 내 눈으로 채찍을 보았는데, 이 모두를 신의 영광에 돌릴지어다.

그의 낯은 언제나 쾌활하고 차분하면서도, 청중이 많다고 결코 마음이 요란해진 적이 없다고 스스로 말할 정도로 그 타고난 바가 온화했다. 그는 밤새 칩거하며 쌓아 올린 서류함이 사라져 버린 경우를 제외한다면, 아무리 사정이 좋지 않더라도 그 어떤 일에 대해서도 자신이 분노하지 않을 수 있으리라 믿는다고 나와의 대화 중에 말했던 기억이 난다. 그런데 지대하고 훌륭하신 신과 신의 교회를 위해 자신이 노동하고 있음을 깨달을 때, 신과 교회에 모든 공을, 모든 정열을, 모든 노력을 쏟았음을 깨달을 때, 그리고 이 모두가 신께서 명령하거나 허락해 가능

코와 함께 사보나롤라의 지지자가 되었다.

했음을 깨달을 때, 그는 자기가 침울해하지 않으리라 자신하곤 했다.

오, 복된 정신이도다. 이제 그 어떤 역경도 그의 정신을 억누를 수 없을 것이고, 또 곧 밝혀지겠지만 어떤 이익도 그 정신을 한껏 고무하지 못할 것이다. 철학 전반에 대한 숙달, 라틴어와 그리스어를 넘어 히브리어, 칼데아어, 아랍어에 대한 지식 때문에 그는 교만해 하지 않았다. 막대한 부와 귀족이라는 계급 때문에 그는 우쭐하지도 않았다. 아름답고 우아한 신체, 즉 죄를 범할 수 있는 상당한 여지가 있었지만, 그는 다중이 따르는 쉽고 넓은 길로 향하지 않았다. 그의 정신을 전복할 수 있을 정도로 놀라운 것이 그 무엇이 있겠는가? 세네카(Seneca)의 말을 빌리자면, 포르투나를 넘어선 자를 무엇이 얽어맬 수 있겠는가?[44] 순풍에 부풀어 오른 포르투나든 역풍에 빈약해진 포르투나든 간에, 언제든 업신여길진대 말이다. 그리하여 그의 정신은 그리스도, 그리고 하늘나라의 시민과 영적인 아교로 결합되어 있을진대.

심지어 이를 뚜렷하게 보여 주는 다음과 같은 증거도 있다. 애통하게도 우리 시대 대다수 사람이 흥정하면서 거래하는 교회의 직책과 직위를 직지 않은 이들이 갈망하고 간청하면서 탄식하고 내단히 열심히 매매하고 있음을 그는 알았지만, 피코 자신은 두 명의 왕이 전령을 통해 제시한 직위를 거절하면서 성직을 수여받고 싶지 않다고 대답했다. 이를 입증하는 대단히 권위 있는 증인들이 거기 있었고 나 역시 그 증인

44 세네카, 「인생의 짧음에 대하여」 5; "그러나 신에게 맹세코 현자는 그렇게 천박한 이름을 가진 상태에 결코 빠지지 않습니다. 결코 반사유의 몸일 수 없습니다. 그는 늘 온전하고 확고한 자유를 누리면서 스스로에 대한 권리로 자유로우며, 다른 무엇에도 구애받지 않습니다. 운명에 초연한 사람을 도대체 무엇이 얽어맬 수 있겠습니까?"

이다. 또한 어떤 이가 자신의 왕에게 종사하면 세속의 직위와 막대한 소득을 제공하겠노라 약속하자, 피코는 자신이 숨고 도피할 곳 전부가 빼앗겨 없어졌음을 깨닫고는 이렇게 대답했다. "나 자신이 직위나 부를 추구하지 않고 오히려 신과 연구에 전념할 수 있도록 이를 경시했음을 이해해 주시길."

또한 페라라의 몇몇 친구는 율사(律士)로서 통찰력을 지녔고 갖가지 책을 섭렵했는데, 피코와 친밀한 관계를 맺었던 페사로(Pesaro)의 판돌포 콜레누치오(Pandolfo Collenucio)에게 가능한 어떤 방법으로든 피코가 추기경의 직위를 청하거나 혹은 여러 사람의 예상대로 교황이 그 직위를 제안할 경우 적어도 그 직위를 받아들이게끔 해 달라고 설득했다. 판돌포는 피코가 그 무엇보다 그러한 종류의 영예에 섞여 드는 것을 선택하지 않을 것임을 모르지 않았기에 주저하다 떠보았다. 그 영혼이 위대한 피코는 편지를 통해 "내 생각이 당신의 생각은 아닙니다"[45]라는 선지자의 말을 답변으로 받아들이라고 즉시 청했다. 아마도 피코는 상속법에 따라 교회 재산은 대부분 빈자들의 몫이지, 휘황찬란함을 취해서는 안 된다고 숙고했을 것이다.

아울러 그가 염두에 둔 것은 암브로시우스, 아우구스티누스, 마르티누스 등과 같이 가장 위대한 성인들의 사례였다. 그들은 제의받은 주교직을 회피했으며, 그 소임을 완수하기 전까지 오랫동안 거부했던 자들이다. 피코는 추기경의 직위뿐만 아니라 교황의 가장 높은 권력까지도

45 「이사야서」 55:8; "내 생각은 너희 생각과 같지 않고, 너희 길은 내 길과 같지 않다. 주님의 말씀이다"(Non enim cogitationes meae cogitationes vestrae, neque viae vestrae viae meae, dicit Dominus).

포기했는데, 그리스도의 나라 전체라는 짐을 어깨에서 벗어 냈던 대단히 성스러운 첼레스티누스(Celestinus)[46]의 사연을 읽었을까? 마지못해 그것을 짊어지고 오직 복종하면서 도움을 주기 위해 그것을 받아들이는 자들에게 크나큰 보상이 제공되기는 하지만 그것은 결국 짐이다.

철학하는 이에게 가장 설득력 있는 칭송은 부를 쌓았다는 것도, 영예를 추구했다는 것도 아니라 그것들을 거절했다는 것이고, 그늘진 영광을 거절함으로써 참된 영광을 얻는다는 것이다. 그리고 그러한 참된 영광에는 덕(德)이 떨어질 수 없는 수행원이자 동반자로 늘 동행하는 법이다. 심지어 피코는 인간의 영예에 대해 아무런 가치도 두지 않곤 했으며, 종종 명예는 산 사람에게나 무엇인가 쓸모 있지 죽은 사람들에게는 거의 쓸모가 없다고 말하곤 했다.

피코는 자기 학설의 가치가 교회의 이익에 이바지하고 교회의 적들과 그들의 오류를 제거해 내쫓는 데에 이바지함에 있다고 평가했음을 나는 알았다. 심지어 그가 다음과 같은 완전성의 목표에 이르렀음을 나는 깨달았다. 즉 자신의 논고가 피코라는 이름으로 출판될 경우에 사람들에게 이익이 되겠지만, 그럼에도 그것이 자기 자신의 이름으로 출판되는지에 대해 크게 신경 쓰지 않았다. 그는 『구약성서』와 『신약성서』를 제외한 어떤 책에도 거의 사로잡히지 않았다. 그리고 그가 품고 산출한 많은 생각을 도처에서 모든 사람이 간절히 요구할 뿐만 아니라 심지어 그 생각들이 완성되기도 전에 사람들이 요구하는 것을 알게 되었

46 제192대 교황 첼레스티누스 5세(Caelestinus V, 1215~96)를 말한다. 그는 교황직을 한사코 거부하다 마지못해 수락했던 것으로 유명하다.

는데, 공공의 이익 때문에 그가 자극받는 경우가 아니라면 여생을 언제나 『구약성서』와 『신약성서』를 궁리하는 데 쓰겠노라 결심했다.

신실한 노인과 노파가 갖는 신을 향한 감정은, 그것이 아무리 보잘것없을지라도 인문학과 신학에 대한 모든 지식보다 그에게 훨씬 더 큰 영향을 끼치곤 했다. 그는 친구들과 이야기하면서 사멸하는 인간들이 얼마나 비틀거리며 고생하는지, 삶이라는 것이 얼마나 무상하고 덧없는지, 하지만 우리의 미래는 지옥으로 떨어지든 천국으로 구원받든 얼마나 단단하고 굳건할지에 대해 그들 자신이 깨달아야 한다고 대단히 자주 권고하곤 했다. 아울러 신을 사랑하도록 회심하고 박차를 가해야 하니, 이것이야말로 우리가 이 삶에서 얻을 수 있는 그 어떤 인식보다 더 중요한 과업이라고 독려했다.

또한 이러한 생각을 피코는 『존재자와 일자』라는 자신의 작은 저작에서 대단히 근사하게 추구했다. 그 책을 헌정한 안젤로 폴리치아노(Angelo Poliziano)와 논쟁하던 가운데 그는 이렇게 말했다.

> 하지만 나의 안젤로여, 어떤 광기가 우리를 사로잡는지 보라. 신체 안에 자리하는 동안 우리는 신에 대해 말하거나 알 수 있는 것보다 더 많이 그분을 사랑할 수 있다. 사랑함으로써 우리는 더 많이 성공하고 덜 고생하며 그를 더 따르게 된다. 그렇지만 우리는 사랑하지 않았더라면 헛되이 찾고만 있을 것들을 사랑함으로써 소유할 수 있음에도, 인식을 통해 물으면서 찾아내지 못하는 경우를 더 좋아한다.

또한 그는 성(聖) 프란치스코의 "사람은 실행하는 만큼 안다"(Tantum

scit homo quantum operatur)[47]라는 격언을 자주 입에 올렸다.

그 외에 그에게는 정도를 지나칠 정도의 관대함만이 있었다. 아울러 그는 지상의 것들에 관심을 두지 않아 오히려 무관심하다고 흠 잡힐 정도였다. 우리가 알아낸 바에 따르면, 친구들은 종종 피코에게 재산을 완전히 무시하지는 말라고 권유했다. 옳든 그르든 간에, 그러한 소문이 퍼지면 관리인에게 도둑질할 기회를 제공했다는 비난을 받게 된다는 것이 친구들의 주장이었다. 그러나 언제나 자연 전체의 경륜을 숙고하고 탐구하는 데 매달리던 그의 정신은 그러한 천하고 가치 없는 일을 검토하는 데 쉽게 말려들지 않았다.

내가 페라라에서 피코와 있을 때, 한 식료품 판매자가 지출에 대한 영수증을 제시하고는 그에 대한 승인을 요구하던 기억이 난다. 이 광경에 놀란 나는 이전에 그가 무시하던 것들로 관심을 두게 된 것인지 그에게 캐물었다. 피코는 친지들이 그에게 의무를 다하라고 요구했을 뿐만 아니라 강요했는데, 자신은 그들의 뜻을 따르곤 했지만 그럼에도 그가 갖는 관심은 이전과 다르지는 않다고 대답했다. 심지어 그의 재정 관리인은 자기 마음이 더 편해지도록 자신이 다루었던 수년 동안의 금

---

47 아시시의 성 프란치스코가 한 말로 실제로는 "Tantum scit homo de scientia quantum operatur"이다. Marino Bigaroni, *"Compilatio Assisiensi" degli Scritti di fr. Leone e Compagni su S Francesco d'Assisi: I Edizione integrale dal Ms. 1046 di Perugia*, Porziuncola 1975, p. 316; "프란치스코는 이렇게 말하곤 했다. 사람은 실천하는 만큼 아는 법이다. 수도자는 실천하는 만큼 좋은 연설가이다. 좋은 나무는 오직 그 열매를 통해서만 알려지는 것처럼"(Quapropter dicebat: Tantum scit homo de scientia, quantum operatur; et tantum est religiosus bonus orator, quantum ipse operatur, ac si diceret: Bona arbor non in alio quam in fructu cognoscitur).

전에 대한 회계 장부를 요구하라고 피코에게 탄원했다. 그리고 그가 회계 장부를 피코의 면전에 대령하자, 피코는 그에게 이렇게 말했던 것으로 알고 있다. "대단히 자주 자네가 내 돈을 횡령했을 수도 있고, 〔지금도〕 횡령할 수 있음을 나는 알고 있다네. 그러니 지출을 맞출 필요가 없지. 내가 자네에게 빚이 있거든 바로 돈을 갚겠네. 만약 자네가 내게 빚이 있다면, 가능하면 지금, 방책이 없다면 나중에 부채를 갚으시게."

그는 언제나 친구들을 대단히 인자하게 대했는데, 그들과 대화하면서 훌륭하게 살도록 권고하곤 했다. 나는 피코의 학문을 신뢰해 그와 대화를 나누던 한 사람을 알고 있다. 품행에 대한 대화였는데, 피코는 그저 두 마디 말로 악덕의 길을 버리고 품행을 바로잡도록 인도했다. 그가 한 말은 이렇다. "우리를 사랑하시어 그리스도께서 견뎌 내신 죽음을 염두에 두라. 그러면 우리 자신의 죽음도 거듭 숙고함으로써 악덕을 피할 수 있으리라." 능력이나 행운이 아닌 품행과 문리(文理)로 인정받기에 가까이 지내야겠다고 평가한 사람들에게 피코는 놀라울 정도의 겸양과 정중함을 보였다. 그럼에도 그는 조금이나마 학문에 능력이 있거나 적어도 좋은 기예에 재능이 있어 공들여 살펴보았던 이들에게 애정을 가지곤 했다. 필로스트라투스(Philostratus)가 증언하듯이, 아폴로니우스(Apollonius)가 말하기를, 닮음은 사랑의 원인이고 지혜로운 사람에 대해서는 그것은 일종의 친화(affinitas)이기 때문이다.[48] 또한 앎은 사람을 사람으로서 완성하고 그렇게 완전해진 자는 선을 좇으며, 남들보다 훌륭한 이들을 사랑해야만 한다는 점에는 논쟁의 여지가 없다.

48 Philostratus, *Vita Apollonii*, IV, 16; "현자들은 현자들에게 알맞기에"(σοφοῖς γὰρ πρὸς σοφοὺς ἐπιτήδεια).

또한 피코는 그 무엇보다 호라티우스(Horatius)가 말하는 '권력 있는 시민의 오만한 문턱'을 참을 수 없었다.[49] 그는 속세에의 복무(militia saeculi)와 혼인 결합(vinculum conjugale)을 몹시 혐오했다. 농담을 나누던 가운데 누군가 선택의 기회가 주어져 강제될 때, 둘 중 무엇을 떠맡는 것이 쉬워 보이냐고 묻자, 그는 다소간 망설이고 주춤하더니 가볍게 웃으면서 결혼이라고 대답했다. 결혼에 연루된 위험과 종노릇이 복무의 경우보다 덜하다는 것이다.

그는 자유를 한없이 사랑했는데, 천성상 자유를 그렇게 추구했고 또 철학 연구가 그렇게 부추겼기 때문이다. 내 생각에 그의 오랜 방황은 바로 여기에서 기인했는데, 피렌체에 자주 머물렀고 때때로 페라라에 머물렀음에도 그는 자신의 고유한 거처를 고르지 않았던 것이다. 나는 이들 도시 가운데 페라라 공국이 그에게 일종의 상주할 수 있는 거처를 제공했으리라 생각하는데, 볼로냐 이후 거기에서 그는 처음으로 학문 연구에 힘썼다. 왜냐하면 페라라의 군주가 그를 이상할 정도로 좋아해 마치 인척 관계처럼 친밀히 지냈기 때문이다. 나로 말하자면, 그 군주의 누이인 비안카 마리아 데스테(Bianca Maria d'Este)에게서 태어났으니 말이다. 또한 페라라는 그의 고향으로부터 너무 멀지 않았으니, 미란돌라에서 해가 뜨는 곳으로 오직 30마일만 떨어져 있었다.

쾌적한 기후 때문이든, 유쾌한 여러 친구 때문이든, 그리고 영리한 천재들 때문이든 간에, 그는 피렌체를 가장 좋아해 거기에서 거주했

49 Horatius, *Epodes*, 2; "그는 광장과 더 강력한 시민의 오만한 문턱을 피한다"(forumque vitat et superba civium potentiorum limina).

다. 특히 그는 학문에 대한 사랑으로 두 명과 친밀한 관계를 맺었다. 한 명은 폴리치아노인데, 그는 그리스어와 라틴어에 가장 정통했고 다양한 문헌의 정화로 충만했으며, 기실 로마 언어의 수호자였다. 다른 한 명은 온갖 종류의 학문 향취를 풍기던 피렌체인 마르실리오 피치노(Marsilio Ficino)였는데, 그는 플라톤주의자들 가운데 가장 뛰어난 이로 피코는 그의 작품을 이용해 자신을 아카데미아학파의 일원으로 칭할 수 있게 되었다.

그는 외적인 예배에 많은 공을 들이지는 않았다. 물론, 교회가 지키라고 한 예배를 말하는 것은 아니었으니, 피코 역시 이를 잘 따랐던 것을 내 눈으로 보았다. 우리가 언급하고 있는 것은 영(靈)과 진리 속에서 숭배해야 하는 신에 대한 예배는 외면하면서 몇몇 사람들이 추구하고 장려하는 예배 의식이다. 반면에 피코는 내적 정서에서 끓어오르는 사랑으로 신을 따르고 있었다. 그는 이따금 더 크게 분투해 강해졌지만, 때때로 그의 영혼의 활기는 대단히 쇠약하거나 무너져 버리기도 했다. 내 기억에 신에 대한 그의 마음은 대단히 불타올랐는데, 우리가 페라라에서 그리스도의 사랑에 대해 이야기하면서 과수원의 긴 산책로를 함께 걸을 때 그는 이런 말을 쏟아 낸 적이 있다. “내가 이것을 말할 테니 비밀로 감추게. 몇몇 연구를 끝마친 이후, 내 남은 재산을 빈곤한 자들에게 베풀고 십자가로 무장한 채 맨발로 성과 도시를 거치면서 세계를 돌아다니신 그리스도를 설파할 것이네.” 이후에 나는 피코가 도미니코 수도회에 헌신하기로 결정하고는 계획을 바꾸었다는 이야기를 들었다.

그 사이에 그는 착안했거나 착수했던 작품들에 대한 출판을 마무리하고 있었다. 그러나 우리의 구원 이후인 1494년, 32세에 피렌체에 머무르던 동안 그는 너무도 심각한 열병에 걸렸다. 체액과 내장을 침범한 그 열병은 그 어떤 종류의 약을 사용해도 효험이 없을 정도로 강력해, 13일 내에 그가 자연에 진 빚을 완전히 갚도록 만들었다.[50] 비록 그때 나는 피코와 먼 곳에 있었지만, 그가 병중에 어떻게 처신했는지에 대해서는 계속 이야기하고자 한다. 거기에 있었던 증인들을 통해 대단히 믿을 만한 이야기를 들었기 때문이다.

이런 일화가 있다. 피코가 성체성사를 받자, 사람들은 십자가에 못 박힌 그리스도의 소상(小像)을 그에게 주었다. 이는 그가 숨을 다하기 전에 우리의 구원을 위해 그리스도께서 겪은 말할 수 없는 고통을 기억해 충만한 사랑을 섭취할 수 있도록 하려는 것이었다. 적어도 그것은 일체의 적들에 맞선 가장 강력한 방벽이자 불의한 악령들에 대항하는 견고한 성채이기에 그렇다. 곧이어 장로는 그 소상이 신으로서, 영원에 앞서 존재하면서 모든 점에서 자신과 동일하게 낳으신 신인 성부로부터 존재하는 참된 인간이자 참된 신의 참된 모상임을 굳게 믿느냐고 물었다. 아울러 장로는 언제나 처녀이신 마리아의 자궁에서 시간 속에서 수태되어 배고픔, 갈증, 고역, 더위, 불면을 겪었으며, 아담의 씨에 의해 생긴 우리의 더러움을 씻어 내고 천국의 현관을 개방하기 위해 끝끝내 인류를 가장 위대한 은총으로 포용하려 했고 귀하고 귀한 자신의 피를 기꺼이 스스로 쏟아 낸, 그리스도와 성부로부터 영원에서 동시에 흘러나왔던 성령(이 셋은 하나이기에)에 대해 물었다. 피코는 그러한 종류의 여타 관습적 질문들을 숙고한 이후, 자기가 믿을 뿐만 아니라 확신하노라고 대답했다.

---

50 '죽다'라는 의미의 'naturae satisfacere'를 직역했다.

이런 일화도 있다. 이 글의 처음에 내가 언급했던 누이의 아들인 알베르토 피오(Alberto Pio)는 훌륭한 기예에 열중했는데, 그 품행이 뛰어나고 재능을 갖추었던 청년이었다. 피코는 알베르토에게 아프로디시아스의 알렉산드로스와 테미스티오스가 『자연학』 서문에서 했던 것과 동일한 방식으로, 그리고 이후에 아베로에스 또한 사용했던 그 방식으로 죽음에 대한 두려움에 맞서는 용기를 자연학적 고찰로부터 얻어내자고 말했다. 내 생각에 알베르토가 임박한 죽음을 더 달래려 하자, 피코는 그에게 이러한 말을 전했다. "마음이 평화로워지는 것은 죽음의 고통이 끝나서가 아니다. 내 남은 짧은 생이 더 빈번히 저지르던 신에 대한 죄로 향하지 않을 것이라 생각하기에, 이제 신에 대한 나의 죄도 막을 내릴 것이기 때문이다."

이외에 이러한 일화도 있다. 피코는 방금 언급한 알베르토와 도미니코 수도회 출신의 여러 훌륭한 증인에게 하늘의 모후(Regina caeli)[51]께서 밤에 놀라운 향기를 내며 자기에게 와서는 열병에 시달려 부러져 버린 지절(肢節)을 모두 소생시키더니, 피코 자신이 결코 죽음에 져버릴 일이 없을 것이라 약속했다는 것이다. 그때 그는 아픈 동안에도 쾌활하고 고요한 얼굴로 침대에 누워 있었다고 알려졌다. 또한 그가 죽음의 가시를 견뎌 내는 동안에 하늘이 자신을 위해 열려 있으며, 문안을 와서는 관례대로 도움을 약속하는 모든 이에게 다정한 말로 환대하고 입맞추는 것처럼 보인다고 말하곤 했다.

51 '성모 마리아'를 말한다.

혹시 그가 누군가를 불쾌하게 한 적이 있다면, 자기를 용서해 달라 요청했다고 그의 모든 하인이 우리에게 확인해 주었다. 1년 전에 그들에게 작성한 유언에서 그는 어떤 이들에게는 그들이 살아 있는 동안 옷과 식량이 제공되도록 설정했으며, 또 다른 이들에게는 합당한 만큼의 돈이 지불되도록 설정했다. 그는 피렌체 소재 크세노도키오(Xenodochio)의 빈민들을 부동산에 한정해 상속인으로 세웠으며, 동산(動産)의 경우에는 그의 형제인 안토니오 마리아(Antonio Maria)를 상속인으로 세웠다.

그의 죽음은 하층민과 상류층 모든 계층에 너무도 큰 슬픔을 안겨 주었다. 이탈리아의 군주들, 도시, 인민들이 그 증인이요, 앞서 거명한 왕들이 그 증인이며, 또한 다른 증인인 프랑스 샤를 왕[52]의 호의와 은총을 언급하지 않고 지나쳐서도 안 될 것이다. 샤를 8세가 나폴리 왕국을 점령하기 위해 로마를 공격하려 피렌체에 접근했을 때, 피코의 중병 소식이 전해졌는데, 즉시 샤를은 사절 역할을 수행하고 있던 두 명의 의사를 피코에게 파견해 도움을 주었다. 또한 그는 손수 서명한 편지를 전달했는데, 나 역시 그 편지를 보고 읽었다. 그 편지는 아량 있는 왕의 대단히 호의적인 마음과 잃어가운 이의 빛나는 능력에서 비롯한 약조들과 인정(humanitas)으로 가득했다. 그 왕이 피코를 잘 알았던 것은 그의 명성 때문만이 아니라 다소의 친분도 있었기 때문이었다. 즉 피코가 파리를 방문했을 때, 갈리아에서 왕은 그를 예의로 환대한 적이 있다. 피코 생전에 왕은 그에게 오랜 세월 온 세계에서의 경탄을 보증했으며, 마찬가지로 회자되던 전대미문의 그의 죽음 또한 칭송해야 한다고 결정했다.

52 1494년 이탈리아를 침략한 샤를 8세(Charles VIII)를 지칭한다.

그래서 피렌체에 있는 동안 내가 내 귀로 들었던 것들을 지금 보고해야겠다고 생각한다. 그가 쇠약해졌다는 소식을 듣고 나는 비록 제때 도착하지 못했지만 피렌체로 갔다. 나는 산타 레파라타(Santa Reparata)라 불리는 성스러운 예배당[53]에서 도미니코 수도회의 일원으로 신학에 대단히 정통하며 그 신성함으로 대단히 유명하게 소문났던 페라라의 지롤라모 사보나롤라(Girolamo Savonarola)가 피렌체 인민들에게 하는 종교 연설을 들었다. 하지만 이에 앞서 나는 성서에 무지한 이들을 위해 아풀레이우스의 말로 다음과 같이 권고하고자 한다. "귀가 어둡고 심장이 완고해졌으니, 듣기에 생소하고 보기에 조야하며 실로 사유로 파악하기 어려워 보이는 것들을 거짓이라 여기지 말라. 조금만 더 깊이 탐구한다면, 그것이 경험상 명백할 뿐만 아니라 쉽게 행할 수 있음을 느낄 수 있으리라."[54] 그런즉 사보나롤라는 교단에서 연설하면서 내가 말하고자 한 바를 참석한 모두에게 알려 주었다.

피렌체여, 여러분께 비밀을 드러내야겠습니다. 여러분께 빈번히 들리던 「요한복음」의 격언[55]만큼이나 참된 비밀입니다. 분명 저는 묵묵히

---

53 두오모 성당을 말한다.

54 Apuleius, *Metamorphoses*, I, 3; "그러나 너는 어두워진 귀와 완고해진 심장으로 어쩌면 올바르게 전해지는 것들을 무시한다. 맹세코 듣기에 생소하거나 보기에 조야하거나 실로 사유로 파악하기 어려워 보이는 것들을 잘못된 견해로 인해 거짓으로 여김을 거의 이해하지 못하는구나. 조금만 더 깊이 탐구한다면 경험상 명백할 뿐만 아니라 쉽게 행할 수 있음을 느낄 것이다"(Tu vero crassis auribus et obstinato corde respuis quae forsitan vere perhibeantur. Minus Hercule calles pravissimis opinionibus ea putari mendacia, quae vel auditu nova vel visu rudia vel certe supra captum cogitationis ardua videantur; quae si paulo accuratius exploraris, non modo compertu evidentia, verum etiam factu facilia senties).

55 「요한복음」 8 : 14; "예수님께서 그들에게 이르셨다. '내가 나 자신에 대해 증언해도 나의 증언은 유효(verum)하다. 내가 어디에서 왔고 어디로 가는지 알기 때문이다. 그

있을 수도 있었겠지만, 제게 명할 수 있는 분께서 이를 공개하라 명령했기에 저는 말할 수밖에 없습니다. 조반니 피코 델라 미란돌라를 모르는 분은 여러분 가운데 없으리라 믿습니다. 신께서 주신 커다란 호혜와 은총으로 그는 다양한 학문을 충만히 갖추고 있었습니다. 그렇게 탁월한 재능은 아마도 사멸하는 인간 그 누구의 몫도 될 수 없습니다. 그를 잃어버린 것은 교회에 큰 손실입니다. 제가 판단하기에 그의 수명이 조금 더 연장되었더라면, 그는 그가 남길 원고로 지난 800년 동안 세상을 떠났던 그 모두를 능가했을 것입니다.

그는 제게 와서 비밀을 털어놓곤 했습니다. 그로부터 저는 신이 그를 내면의 말을 통해 신앙으로 불렀음을 알게 되었으며, 이러한 영감을 따르기를 원하기에 그는 순종하겠노라 여러 차례 결심했습니다. 그러나 그는 신의 호혜에 거의 감사해하지 않거나 감각에 매료되어 자신의 임무를 기피하곤 했고—아마 그의 기질이 유약했을 겁니다—혹은 그의 작업이 신앙에 필요한 것이라 여기면서도 자신의 임무를 연기하곤 했습니다.[56] 그렇지만 저의 이 말은 사실이 아니라 추측이자 추정입니다.

러나 너희는 내가 어디에서 왔는지, 또 내가 어디로 가는지 알지 못한다"(Respondit Iesus et dixit eis:"Et si ego testimonium perhibeo de meipso, verum est testimonium meum, quia scio unde veni et quo vado; vos autem nescitis unde venio aut quo vado).

56 코펜하버에 따르면, 여기에서의 '신앙'(religio)은 도미니코 수도회와 같은 '수도회'(religion order)를 지칭한다. Gianfrancesco Pico della Mirandola, *Life of Giovanni Pico della Mirandola* / Giovanni Pico della Mirandola, *Oration*, ed. and tr. Brian P. Copenhaver, Harvard University Press, 2002, p. 66.

그래서 저는 지난 2년 동안 신께서 그에게 완수하라고 제시한 일을 그가 소홀하게 집행할 경우에 채찍으로 그를 위협했습니다. 고백컨대, 조금 매질당한 그가 높은 곳으로부터 그에게 제시된 길에 마침내 발을 들이도록 신께 거듭 빌곤 했습니다. 그가 왜 거꾸러지게 된 것인지 저는 묻지 않았습니다. 저는 그것에 대해 생각하지 않았는데, 그가 이생을 떠남으로써 하늘에 마련된 빛나는 왕관의 일부를 잃어버리고, 살았더라면 극도로 얻었을 명성과 유명세를 완전히 성취하지 못하는 것은 신의 결정입니다.

하지만 지고하게 너그러운 심판관께서는 피코를 지극히 자비롭게 대하셨습니다. 그의 수중으로부터 빈민들에게 아낌없이 흘러나온 자선과 후원, 그리고 대단히 절박하게 신께 쏟아 낸 기도로 인해 그의 영혼은 아직 하늘 너머 아버지 품 안에서(in sinu Patris)[57] 용약(勇躍)하지도 못하고, 지옥으로 내보내져 영구한 형벌에 고통받지도 않으며, 오히려 일시적으로 연옥불에 넘겨져 일시적 처벌을 받게 되었습니다. 피코를 알고 있는 이들, 특히 피코의 호혜를 가득 받은 이들이 그를 지지해 돕도록 나는 이상의 것을 기꺼이 말했던 바입니다.

이 신의 종복(從僕, Vir Dei)은 이상의 것과 여러 다른 것을 생생한 목소리로 주장하면서 그런 식의 진술에 허위가 섞임으로써 신의 말씀을 전하는 전령이 영원한 형벌을 받는 것이 마땅함을 모르지 않는다고 덧붙였다. 또한 그는 며칠 동안 이 모두를 자신이 확신했다고 첨언했다.

57 「요한복음」1 : 18; "일찍이 아무도 하느님을 보지 못했다. **아버지의 품안에** 계시는 외아들 하느님이신 그분이 알려 주셨다"(Deum nemo vidit umquam; unigenitus Deus, qui est **in sinum Patris**, ipse enarravit).

그러나 동정녀께서 자신에게 했다고 앓던 이가 확인해 준 낱말 때문에, 피코의 죽음으로 동정녀의 약조가 헛되이 될 경우에 악령의 술수로 피코가 속임당한 게 되버리는 건 아닐지 오랫동안 망설이며 떨었다.[58] 그러나 그는 '죽음'이라는 동명 이의어에 고인(故人)이 속았음을 깨달았다. 성모께서 두 번째의 영원한 죽음에 대해 말했던 것을 피코는 첫 번째의 일시적 죽음에 대한 말로 믿어 버렸기 때문이다.

그런데 만약 이 지롤라모가 유령이나 악령의 속임수에 당한 거짓말쟁이 위선자라고 누군가 주장하더라도, 그들은 신앙에 대해 잘못 생각하거나 정신 나간 것이 아니라면 신이 죽어가는 이의 행복이나 불행을 다양한 방식으로 살아 있는 자들에게 계시해 왔고 지금도 계시할 수 있음은 인정해야만 한다. 동시에 신은 이러한 일을 생생하게 접한 이들에게 그들이 시각이나 유령에 우롱당한 것이 아니라 마음이나 눈으로 보고 식별하는 것들이 참됨을 확신시킬 수 있다.

지롤라모는 엄청난 학식과 권위를, 그리고 엄청난 덕성과 지혜를 갖춘 자이다. 아리스토텔레스 철학에 대한 그의 간명한 정식들, 공중에 대한 권고, 성시의 말씀에 대한 탁월한 해석, 이탈리아의 남과 북, 거의 전체에서 일어났음을 알게 된 미래 사건에 대한 예언들, 지극히 성스러운 생활 방식 등으로 그는 이미 오래전에 더이상 이론의 여지가 없는 신뢰를 얻었다. 그래서 그가 대단히 유명한 도시의 최고 성당에서 수많은 사람에게 사실을 확인한 이후, 이것들을 확고부동한 참으로 발표했

58 피코가 죽을 경우, 피코가, 죽음에 져버릴 일이 없다는 마리아의 약속이 사실은 악령의 기만이 될 수 있다는 두려움을 지칭한다.

다는 것은 악의적인 사람이 아니라면 누구도 부인하지 않을 것이다. 또한 내가 이 일에 대해 다소간 탐문하면서 들었던 바에 따르면, 연설을 듣던 어떤 사람이 강론자에게 가서는 그가 발표한 핵심 내용에 힘을 실어 주기 위해 불에 싸인 망자(亡者)가 자신에게 나타나 여전히 배은망덕에 대한 죄를 치르고 있음을 털어놓았다고 보고했다.

또한 여러 예언으로 유명한 어떤 수녀[59]가 있었는데, 그녀는 피코가 생존해 있을 때 정확히 일어난 많은 미래를 예언했다. 피코가 세상을 떠나기 2년 전, 여러 가지 것 가운데 다음과 같은 이야기 하나를 말해 주었다. "백합의 시대에 내가 앞서 언급했던 지롤라모 수사의 권유로 피코는 설교 수도회에 가입할 것이며, 그때에 당시 추방 중에 있던 파치(Pazzi)라 불리는 어떤 가문이 귀환할 것이다."[60] 이 이야기를 들은 여러 사람은 백합이라는 이름에 의아해 하면서 그 시기를 백합이 피어나는 봄이라 여겼다. 그러나 그 이름은 백합을 문장으로 사용하던 프랑스 왕이었음이 드러났다.[61] 피코는 세상을 떠나기 전에 신앙을 선서했다. 그가 신앙을 선언하기 전날, 그리고 추방당했던 그 가문이 고국의 도시로 온 지 4일 후에, 프랑스 왕은 병력과 폭력으로 나폴리 왕국에 대한 통치를 주장하기 위해 많은 것을 대동한 채 에트루리아를 행군해 피렌체로 들어왔다.

---

59 카밀라 루첼라이(Camilla Rucellai, 1465~1520)를 말한다.

60 1478년 4월 26일, 파치 가문은 메디치 가문에 대한 살해를 기획해 형 로렌초에게 부상을 입히고, 동생인 줄리아노를 살해했다. 이후 피렌체에서 추방당했다가 1494년 11월 다시 피렌체로 귀환했다.

61 '백합꽃'(fleur de lys)은 12세기 이후에 프랑스 왕실에서 채택한 프랑스 왕실 문장이다.

끝내기 전에 마지막으로 몇 가지를 더 언급하는 것이 쓸데없지는 않을 것 같다. 달이 드리운 그림자를 향해 짖는 사냥개처럼 이제까지의 계시를 향해 짖는 자들을 나는 보는데, 먼저 나온 내용에 만족하지 못했을 경우 허공에 공연히 헛수고하지 않도록 그들에게 고기 한 덩어리를 내가 던져 주어야 할 것 같다. 아울러 정신 나간 이들이 웃음을 터뜨리는 것을 본다. 나는 이들이 자신들이 무엇인가를 안다고 여겨 웃음을 떨쳐 내는 것을 본다.

그들은 아마도 신앙의 사역을 다 이행하지 않았다는 이유로 영혼이 불로 고통을 받아서는 안 된다고 주장할 것이다. 또한 성령의 숨결이 닿아 그리스도와 대화를 누리는 사람이 우리 시대에는 없다고 주장할 것이다. 하지만 파멸이 아니라 사면이 어울리는 죄는 연옥불로 처벌해야 한다고 생각한다면, 올바른 사람 또한 처벌받는다는 것이 놀라운 일은 아닐 것이다. 또한 진리가 그 증인이니, 주인의 의도를 알면서도 완수하지 않은 노예가 여러 번 매를 맞는다는 것을 모르지 않는다면, 신의 의도를 알면서도 그 완수를 미루는 자들이 설혹 그 어떤 다른 잘못도 없다고 한들 형벌을 받아야 한다는 것이 놀랄(non extasim patior)[62] 일은 아닐 것이다.

다른 한편, 그리스도께서 인간을 위해 죽었다고 믿으면서도 그리스도께서 그런 인간들과 쉽게 이야기할 수 없을 것이라 믿고, 더 난폭한 논증을 통해 사멸하는 인간들이 성모, 천사, 성인들의 혼과의 대화에 참여할 수 없다고 믿는 그런 자들의 미숙하고 미련한 간교함에 놀

62 그리스어로는 'θαμβέω', 즉 '놀라다'이다.

라움을 금할 수 없다. 디오니시우스 아레오파기타 역시 『천상의 위계』(*De hierarchia caelesti*)에서 증언하듯이, 하위의 모든 것은 상위의 것에 지배된다는 것을 단연코 그들은 깨달아야만 한다. 인간의 돌봄을 맡은 단계와 본성상 하위의 정신은 상위의 정신을 통해 조명을 받아야 하며, 다시 그 상위의 정신은 가장 높은 정신이나 신 자신을 통해 신적 신비(divina mysteria)를 흡수한다는 것을 깨달아야만 한다. 그리고 다수의 인간에게 계시를 공개하는 것이 유리할 경우에, 바로 그 계시를 신적인 혼의 영감을 받은 인간들이 받아들인다는 것을 깨달아야 한다. 디오니시우스 아레오파기타가 『천상의 위계』에서 우리에게 가르친 성스럽디 성스러운 신성의 법칙은 다음과 같다. "우리는 으뜸가는 것들을 좇음으로써 가장 신성한 빛으로 올라간다."

품성이 오만하고 완고한 이 사람들은 틀림없이 신학에 무지하다. 미래에 대한 신적 신비가 선한 사람들을 통해서 뿐만 아니라 흉악한 사람들과 때로는 거짓 선지자들을 통해 드러났던 것을 신학에서 알 수 있기 때문이다. 학식과 더불어 대단히 훌륭한 덕을 갖추었고 이미 일어난 많은 일을 예언했으며, 꿈으로 증언하지 않고 진지한 방식으로 주장한 이 지롤라모를 왜 믿지 못하는가? 또한 성서의 권위가 아니라면 나는 그 주장을 중요하게 여기지는 않겠지만, 여하튼 아리스토텔레스 철학은 그것에 상충하지 않고 플라톤주의 철학은 그것을 지지한다. 그러나 발언자들을 향한 악의적인 자들의 일격이 더 큰 힘으로 되돌아가도록 이러한 외래적 전거를 인용하는 것은 부조리한 일이 아니다.

하지만 이제 우리 자신의 본분으로 돌아가야겠다. 그것은 우리가 잃어버린 이를 애도하는 것보다는 우리가 가졌고 지금도 가지고 있는 것들에 대해 신께, 그 안에서 만물이 살아 존재하는 왕께 감사하는 것이다. 케다르[63]에서 지냈던 이들과 오랫동안 교제하면서 그들에게 적지 않은 빛을 적셔 주었던 피코는 사멸하는 삶의 사명을 완수한 이후에 이제 높이 있는 고향의 저 도달할 수 없는 무한한 빛으로 올라 말할 수 없는 신성을 한없이 누리고, 나날이 우리를 도와주리라.

63 「시편」 120 : 5; "가련하다, 이 몸은 메섹의 나그네, 케달의 천막에서 지내노라!"(Heu mihi, quia peregrinatus sum in Mosoch, habitavi ad tabernacula Cedar!)

해제

플라톤과 아리스토텔레스 사상을 일치시키려는 철학적 시도[1]

1. 중세, 플라톤과 아리스토텔레스의 전승

언제나 그렇듯이 인간의 역사는 위기 속에서 피어나게 마련이다. 만약 유럽의 기독교가 이슬람을 상대로 벌인 200여 년 동안의 십자군 전쟁에서 이겼더라면, 중세는 교회의 그늘 아래 더 오래 지속되었을 것이다. 그러나 하나님의 이름으로 치렀던 전쟁은 그 이름이 무색하게도 이교도인 이슬람교도들에게 철저히 패배했다. 이로써 기독교인들에게는 성직자의 말에 대한 의심이 생겨났으며, 오직 믿음만을 사유의 수단으로 삼았던 그들은 이제 이성적·비판적으로 숙고하기 시작했다. 이러한 분위기는 십자군 전쟁을 통해 무역 중심지로 거듭나던 이탈리아반도, 그 가운데에서도 피렌체에서 가장 강하고도 일반적이었다. 그렇게

1 이 글은 다음 두 논문을 수정·보완한 것이다. 김은주, 「피렌체의 플라톤과 아리스토텔레스」, 『철학연구』 167, 대한철학회, 2023, 83~108쪽; 안승훈, 「플라톤과 아리스토텔레스의 조화: 『존재자와 일자』에서 피코의 방법에 대한 분석」, 『대동철학』 105, 대동철학회, 2023, 155~92쪽.

피렌체를 필두로 14세기에 '르네상스'라는 이름의 문화 운동은 전 유럽으로 퍼져 나갔다.

르네상스는 서양 정신의 고대 그리스·로마 시대로의 회귀를 의미했다. 물론, 완전히 그 시대로 돌아갈 수도 그러기를 원하지도 않았겠지만, 적어도 중세 1,000년을 지배했던 신과 교회 중심의 사고방식에서 벗어나 고대 그리스인들이 그러했던 것처럼 인간의 이성과 정신을 경탄의 눈길로 바라보게 되었다. 그들은 고대 철학자들의 사상에 감탄했고 그들의 저작을 읽고 싶어 했다.

이 무렵, 즉 동로마와 서로마 분열 이후에 이탈리아를 중심으로 봉건제가 형성된 지역의 주류 철학은 아리스토텔레스주의였다. 6세기 무렵에 보에티우스(Boethius)가 포르피리오스(Porphyrios)의 아리스토텔레스 『범주론』(*Categoriae*)에 대한 일종의 입문서인 『이사고게』(*Isagoge*)를 번역·주해하면서 도대체 플라톤 철학에서 언급되는 보편적 존재, 즉 이데아라고 할 수 있는 보편자가 존재하는가의 문제를 다룬 이른바 '보편 논쟁'이 시작되었다. 개별자나 개별 실체를 '종'(種)과 '유'(類)로 범주화할 수 있는 보편자가 실재하는가? 모든 각각의 '철학자'에게서 그 사상의 특수성과 개별성을 추상했을 때 남는, 곧 보편적 특징을 갖는 '철학자'가 실재할 수 있는가? 플라톤이 말하는 이데아가 우선하고 그것이 각각의 실체에 '참여'하는 것인가, 아니면 실체 안에 그것의 본질이 되는 아리스토텔레스의 우시아(οὐσία)가 처음부터 분리될 수 없는 상태로 함께 존재하는 것인가? 이러한 문제들은 필연적으로 신 존재에 대한 질문으로 연결되기에 이르렀다. 성부와 성자와 성령을 '신'(神)이라는 보편자로 본다면 셋은 셋이면서 하나인 삼위일체(三位一體)가 될 것이지만, 보편 없이 각각의 실체가 있다면 셋인 신은 다신교의 이단에 빠지게 된다. 당연히 교회에서는 플라톤의 교리가 훨씬 더 우세한 것으로 받아들였다. 그러나 토마스 아퀴나스(Tomas Aquinas, 1225?~74)가 아리스토텔레스를 옹호하면서 이러한 상황은 역전되었다. 토마스는 모든 것이 하나의 목적을 향해 움직이면서 그것들이 현실태와 가능태 혹은 가능성의 방식으로 나타난다는 아리스토텔레스의 기본 사상을 기독교의 핵심 교리로 이질감 없이 연결했다. 또한 "영혼은 그 자체로 존재 원인이며, 동시에 스스로 움직이는 것"이라고 말한 것[2]을 비롯해 아리스토텔레스 이론을 신 존재 증명의 근거로 삼았다.[3] 이로써 그는 아리스토텔레스 철학을 이성적 신학으로서의 스콜라철학에 수용했다. 이제 아리스토텔레스에 대한 공격은 곧 교회와 신에 대한 공격과 같은 행위가 되었다. 이렇게 해서 이후 200여 년 동안에 아리스토텔레스에 대한 연구가 그 어떤 시대보다 풍부해졌다.[4] 당연한 결과로 이탈

---

2 아리스토텔레스, 『형이상학』 제12권 제6장; "그러므로 현실적인 활동을 실체로 갖는 원리가 있어야 마땅하다. 더욱이 그런 실체들은 질료 없이 있어야 하는데, 만일 무엇인가 영원한 것이 있다면, 바로 그것들이 영원해야 하기 때문이다. 그러므로 그것들은 현실적으로 있어야 한다"(아리스토텔레스, 조대호 옮김, 『형이상학』, 도서출판 길, 2017, 474쪽). 이외에 『자연학』 제7권 제1장과 제8권 제5~6장 참조; "최초의 것은 최후의 것을 움직이게 하지만, 최후의 것은 최초의 것을 움직이게 할 수 없고, 최후의 것은 최초의 것 없이는 움직이게 할 수 없지만 최초의 것은 최후의 것 없이도 움직이게 할 수 있기 때문이다. …… 움직이는 모든 것은 필연적으로 어떤 것에 의해 움직인다 ……. 운동은 계속해서 있어야 하고 단절되면 안 되기 때문에, 필연적으로 최초로 움직이게 하는 것은 한 개이든 여러 개이든 간에 영원한 것이어야 한다. 그리고 최초로 움직이게 하는 것은 자신은 움직이지 않는 것이어야 한다"(아리스토텔레스, 조대호·유재민·김재홍·임성진·김헌 편역, 『아리스토텔레스 선집』, 도서출판 길, 2023, 231~33쪽).

3 토마스 아퀴나스, 정의채 옮김, 『신학대전』(제1~3권), 바오로딸, 2013 참조.

4 Charles H. Lohr, "Renaissance Latin Aristotle Commentaries: Authors A-B", *Studies in the Renaissance*, vol. 21, Cambridge University Press, 1974, pp. 228~89 참조. 르네상스 시대에 라틴어로 쓰인 아리스토텔레스 관련 주석 목록에 대한 찰스 H. 로어(Charles H. Lohr)의 이 초판본이 자료 수집에서 불완전했음에도 불구하고, 리처드 블룸(Richard Blum)은 1500년부터 1650년까지 적어도 6,653개의 주석이 있음을 확인했다. Richard Blum, "Der Standardkursus der katholischen Schulphilosophie im 17. Jahrhundert", *Aristotelismus und Renaissance: In memoriam Charles B. Schmitt*, 1988,

리아를 비롯한 옛 서로마 제국에서 플라톤은 잊혔다고 해도 과언이 아니었다.[5] 이러한 사실은 극소수의 사람만이 그리스어를 읽을 수 있었으며, 게다가 대화편의 원본 역시 구하기 쉬운 것이 아니었기에 쉽게 짐작할 수 있다.[6]

반면에 동로마 제국에서는 고대 그리스의 철학과 문화가 완전히 소멸되었다고 할 만한 시기가 최대 약 300년 동안 지속되었다.[7] 동로마

---

pp. 141~48 도표 참조.

5 Jonathan Harris, "Plato, Byzantium and the Italian Renaissance", *History Teaching Review Year Book*, vol. 19, 2005, p. 2.

6 일례로 르네상스 시대 최고의 인문학자이기도 했던 프란체스코 페트라르카(Francesco Petrarca)는 호메로스(Homeros)의 책을 1348년 어렵게 구했지만, 애타게 노력했음에도 불구하고 내용을 이해할 수 있을 만큼 그리스어에 충분히 능통하지 않았다. Alison Brown, *The Renaissance*, London: Longman, 1988, pp. 17~18; Nigel G. Wilson, *From Byzantium to Italy: Greek Studies in the Italian Renaissance*. 2nd edition, New York: Bloomsbury Academic, 2017, p. 2 참조. 또한 G. W. F. 헤겔(G. W. F. Hegel)의 『철학사 강의』를 보면, 페트라르카는 그리스어를 칼라브리엔(Kalabrien)의 수도사 바를라암(Barlaam)에게서 배웠다고 한다. 아울러 이곳 칼라브리엔에는 그리스적 관습대로 살고 있었던 남부 이탈리아의 수도회인 성 바실리우스 교단의 교리에 따라 수도회 소속의 많은 수도사가 살고 있었다고 한다. G. W. F. Hegel, *Vorlesungen über die Geschichte der Philosophie III*, Frankfurt am Main: Suhrkamp, 1986, pp. 12~13 참조.

7 이 글에서는 '서양', '서로마', '동로마' 등의 명칭을 혼용하고 있다. 역사적으로 395년 세상을 떠난 테오도시우스(Theodosius) 황제 이후, 로마 제국은 동로마와 서로마로 나뉘었다. 476년 서로마 제국의 황제 로물루스(Romulus)가 게르만의 용병대장에 의해 살해된 이후, 6세기 중반 무렵에 동로마 제국의 위대한 황제 유스티니아누스에 의해 다시 한 번 하나의 로마 제국이 되었다. 그러나 7세기에 발흥해 강력한 전쟁을 수행하던 이슬람에 의해 동로마의 영토는 현재의 그리스와 튀르키예 일부만 남게 되었으며, 옛 서로마 제국은 게르만 왕국의 땅인 프랑크와 그에 의해 보호를 받는 이탈리아가 남게 되었다. 이에 교황은 프랑크의 왕에게 '서로마 황제의 관(冠)'을 하사했다. 그러나 9세기에 북쪽의 노르만족이 침략하면서 이 지역은 다시 전쟁에 휩싸였으며, 프랑크 왕국도 중프랑크, 서프랑크, 동프랑크로 나뉜 상태였다. 그러나 이번에는 동프랑크가 교황을 보호했기에, 교황은 이에 '로마'라는 이름을 '신성 로마 제국'이라는 이름으로 바꾸어 동프랑크에 주었다. 따라서 글에 등장하는 '서로마'는 옛 서로마 제국의 땅과 이후 게르만족, 노르만족의 봉건제 아래의 지역을, '동로마' 혹은 '비잔티움 제국'

제국의 전성기 황제였던 유스티니아누스(Justinianus)에 의해 529년 아테네에 있던 마지막 철학 아카데미가 문을 닫았다가, 829년 포티오스(Photius)에 의해 부활했던 것이다.[8] 뒤이어 11세기 들어 콘스탄티노폴리스(Constantinopolis)에 새롭게 아카데미아가 세워졌는데, 수장이 된 프셀로스(Psellus)는 포티오스와는 달리 아리스토텔레스보다는 플라톤에게 좀 더 우호적이었다. 그들은 자신들의 언어로 쓰인 플라톤 저작들을 읽고 숙달된 상태였다.

물론, 플라톤 철학을 공개적 · 적극적으로 연구하기까지는 시간이 좀 더 걸렸다. 콘스탄티노폴리스에서는 국가의 공무를 수행할 이들을 위한 교육 과정의 일환으로 고대 그리스의 시인과 역사가, 철학자들의 작품들을 가르쳤으나 플라톤만큼은 쉽지 않았다. 그의 철학이 기독교 사상과 완전히 일치하거나 신학을 위해 봉사하기에는 분명 대립하고 거슬리는 부분들이 있었기 때문이었다. 플라톤의 주저인 『국가』(*Politeia*)에 등장하는 영혼의 윤회와 운명의 선택은 신에 의한 영원한 심판과는 대척점에 있었기 때문이며, 또한 '처자 공유제'가 전통적인 기독교의 결혼관과 대립되고 있음은 분명하기 때문이었다.

이러한 분위기가 전환된 것은 이름마저 플라톤과 비슷하게 불리기를 바랐던 플레톤(Plethon, ?~1452)[9]의 등장과 함께라고 보아도 무방하다.

은 옛 동로마 제국의 땅을 의미할 때 사용했다.

8 John W. Taylor, *Georgius Gemistus Pletho's criticism of Plato and Aristotle*, Menasha: George Banta Publishing Company, 1921, p. 6 참조. 포티오스는 가장 위대한 동로마 제국의 총대주교로 두 차례 그 성직을 역임했지만 우선은 학자였다. 그는 이슬람과의 전쟁으로 소실된 고대 그리스 문헌의 수집에 노력했다. 그에 대해서는 "악마에게 영혼을 팔아 지식을 얻을 것임에 틀림없다"라는 말이 있을 만큼 박식했다고 한다. 덕분에 당시 비잔티움은 고대 그리스 문화의 부흥을 열었다.

9 플레톤에 대해 알려진 바는 많지 않다. 그러나 플레톤이 비잔티움 제국에서 중요한 인물로서 정치 활동을 했을 뿐만 아니라 황제에게 보낸 편지 등 중요한 자료들이 남아

그는 플라톤 철학과 기독교 사상이 일치하는 요소들을 연구하고 그 내용을 비잔티움 제국의 황제에게 편지로 보내기까지 했다. 당시 황제였던 마누엘 2세 팔라이올로고스(Manuel II Palaiologos, 재위 1391~1425)[10]는 플레톤을 추방했지만, 나중에 그의 주장이 타당하다고 생각하게 되

있어 개략적인 파악이 가능하다. "플레톤은 황제 요하네스 7세 팔라이올로고스가 서방으로의 모험에 가까운 여행을 했을 때인 1370년에 15세였다"라는 언급을 통해 그가 1355년경에 출생했다는 점과 더불어 "황제 테오도르 1세 팔라이올로고스(마누엘 2세의 동생, 펠로폰네소스의 모레아를 통치)가 펠로폰네소스반도를 통치했던 1393년 스파르타에 도착했다는 것", 그곳에서 "33세 때부터 교사로서 활동했음" 등을 알 수 있다. 이후 1414년까지의 정확한 삶에 대해서는 기록의 여백이 있지만, 당시 비잔티움 제국의 역사가 끊임없는 전쟁과 내전의 상황이었음을 감안해 그의 사상을 유추해 볼 수 있다. 그는 펠로폰네소스반도의 스파르타에 도착한 이후, 당시 그곳의 수도였던 미시트라(Misithra 혹은 Mistra)에 거주했다. 비록 죽을 때까지 몇 차례 다른 곳을 방문하기는 했지만 여생을 그곳에 머물렀다. 또한 게오르기오스 트라페준티오스(Georgios Trapezuntios)에 따르면, 그가 "거의 100년을 살았다"라고 기록한 것으로 보아 1450년경 세상을 떠난 것으로 추정된다. Fritz Schultze, *Georgios Gemistos Plethon und seine reformatorischen Bestrebungen*, Jena: Mauke, 1874, pp. 24, 30~31, 40~43. 그는 1427년 펠로폰네소스의 공작이 그에게 봉토를 주었을 때를 기점으로 몇 년 동안 펠로폰네소스 영지에 살았는데, 이때 베사리온(Bessarion)의 스승이었다고 한다. 당시 비잔티움 제국의 황제 요하네스 8세 팔라이올로고스(Johannes VIII Palaiologos, 재위 1425~48)가 펠로폰네소스를 방문했을 때, 플레톤에게 동방 교회와 서방 교회의 연합에 대해 의견을 묻자, 그는 양측 사절단의 규모가 동일하게 구성되어야 한다는 조언을 했다고 한다. 이것이 10년 후에 있을 공의회에 황제가 플레톤을 동방 교회의 대표로 보내게 된 이유였을 것이라고 프리츠 슐츠(Fritz Schultze)는 설명하고 있다. 그곳에서 그는 자신의 이름 'Georgios Gemistos'(그의 이름인 'Gemistos'는 'γεμίζειν'(채우다)에서 유래한 것으로 '가득 찬', '꽉 찬'이라는 뜻을 연상하게 만드는 이름이다)에 그가 존경하는 플라톤을 연상시키는 'Plethon'이라는 이름을 덧붙여 사용했다고 한다.

10 마누엘 2세 팔라이올로고스의 8명의 아들 가운데 장남이었던 요하네스 8세 팔라이올로고스가 그의 뒤를 이어 황제가 되었으며, 그다음으로 다섯 번째 아들인 콘스탄티누스 11세 팔라이올로고스(Constantinus XI Palaiologos, 재위 1449~53)가 황제가 되었다. 공교롭게도 기독교를 공인하고 콘스탄티노폴리스로 수도로 천도했던 313년 황제 콘스탄티누스(Constantinus)와 같은 이름의 황제가 로마 제국 최후의 황제라고 할 수 있다. 이로써 1453년 로마는 역사의 무대에서 완전히 사라지게 된다.

었다.[11] 결과적으로 비잔티움 제국에서의 주류 철학자는 플라톤이 되었다.

이렇게 해서 곧 있을 1439년 페라라-피렌체 공의회에서 '동방에서 온 박사들'을 포함한 신학자들이 플라톤을 소개하고 그에 대해 담론을 나눌 때, 서로마 지역의 르네상스주의자들은 "아리스토텔레스적 논리학으로 잘 무장된 상태였으며, 그래서 동쪽의 플라톤주의자들로부터 무엇인가를 배울 수 있을" 가능성이 싹트게 되었다.[12]

2. 페라라-피렌체 공의회가 일으킨 바람

동로마와 서로마의 만남

그러나 비잔티움 제국의 마누엘 2세 팔라이올로고스는 이러한 사상적 문제보다 훨씬 시급한 문제에 봉착해 있었는데, 그것은 당시 무서운 기세로 성장하고 있던 오스만 제국의 위협이었다. 제국의 존폐가 걸린 상황에서 자신들의 힘만으로 해결할 수 없음을 깨닫게 되자, 황제는 최선의 방책을 찾았다. 그것은 서로마, 즉 이탈리아를 중심으로 한 신성로마 제국 권역에 도움을 청하는 것이었기에 황제는 서유럽으로 사절단을 보냈다. 이렇게 해서 그 누구도 예상치 못한 이유로 플라톤과 아리스토텔레스는 다시 만나게 되었다.

마누엘 2세 팔라이올로고스에 의해 1393년 사절단으로 파견되었던 인물들 가운데 마누엘 크리솔로라스(Manuel Chrysoloras, 1350~1415)

---

11 Jonathan Harris, "Plato, Byzantium and the Italian Renaissance", p. 3.

12 Nikolaus von Kuses, *Die belehrte Unwissenheit*, Hamburg: Felix Meiner, 1977, pp. 99~100 참조.

가 있었다. 그는 공식적 업무인 외교적 노력 외에도 베네치아와 피렌체에서 그리스어를 가르치는 활동을 병행했다. 이렇게 해서 드디어 서유럽에 그리스어가 서서히 퍼지게 시작했다. 특히 그는 피렌체 출신의 로베르토 로시(Roberto Rossi)에게 따로 그리스어 교습을 함으로써 수입을 보충했는데, 로시에게 이 수업은 꽤나 인상적이었다. 이에 로시는 고향 피렌체로 돌아와 당시 피렌체의 수상이었던 콜루초 살루타티(Colucio Salutati, 1331~1405)에게 이러한 사실을 전했는데, 이를 들은 살루타티는 피렌체에 크리솔로라스를 그리스어 문법과 문학 교사로 초대했다. 그리고 크리솔로라스가 진행했던 이 수업은 피렌체 지식인들에게 엄청난 인기를 끌었으며, 당연히 당대 이탈리아 최고의 인문학자들이 수업을 듣기 위해 모여들었다. 이 사건을 두고 레오나르도 브루니(Leonardo Bruni, 1370~1444)는 크리솔로라스가 700년 동안 잃어버렸던 고전 그리스어에 대한 지식을 이탈리아인들에게 부활시켰다고 말했다.[13]

이어서 두 번째이자 본격적인 사건이 터졌다.[14] 마누엘 2세 팔라이올

---

13 Leonardo Bruni, *Rerum suo Tempore Gestarum Commentarius, Rerum Italicarum Scriptores,* New Series, Città di Castello and Bologna, 1914-26, p. 431; Jonathan Harris, 앞의 논문, p. 3 재인용; Kenneth M. Setton, "The Byzantine background to the Italian Renaissance", *Proceedings of the American Philosophical Society*, vol. 100, 1956, pp. 57~58 참조.

14 쿠자누스와 관련된 또 다른 사건에 대해서도 역시 알아보아야 하는데, 이 사건에 대해서는 Donald M. Nicol, T*he Last Centuries of Byzantium, 1261-1453,* 2nd ed., Cambridge: Cambridge University Press, 1993, pp. 296~317; John W. Barker, *Manuel II Palaeologus (1391-1425): A Study in Late Byzantine Statesmanship*, New Jersey: Rutgers University Press, 1969, pp. 123~99 참조. 1439년 페라라 공의회가 있기 전부터 비잔티움 제국의 상황은 좋지 않았다. 따라서 황제는 이전에도 사절단을 파견한 적이 있었다. 그때 참여했던 크리솔라로스가 1397~1400년 사이에 이탈리아에서 그리스어 교육의 열풍을 불러일으켰다. 그리고 크리솔라로스가 선택한 획기적 방법은 플라톤의 『국가』와 『법률』을 라틴어로 번역하는 것이었다.

로고스의 뒤를 이어 황제가 된 요하네스 8세 팔라이올로고스는 훨씬 더 심각해진 오스만 제국의 압박을 해결하기 위해 공의회를 요청했다. 이에 서로마의 교황 마르티누스 5세(Martinus PP. V)는 바젤(Basel)에서 공의회를 소집하기로 결정했으나, 그의 갑작스러운 선종(善終)으로 후임이었던 에우제니우스 4세(Eugenius PP. I)가 공의회 장소를 페라라로 변경해 소집하게 되었다.

1437년 11월 말, 한 척의 배가 콘스탄티노폴리스를 떠났는데, 3개월 후에는 베네치아에 도착할 예정이었다. 이 배에 서로마 교회의 대표 사절로 탑승하고 있던 니콜라우스 쿠자누스(Nicolaus Cusanus, 1401~64)는 매우 만족한 상황이었다.[15] 비잔티움 지식인들 가운데 종교적·정치적으로, 무엇보다도 플라톤주의에 대한 그의 관심을 공유하는 사람이 있었기 때문인데, 그가 앞서 상술했던 플레톤이었다. 그의 이름은 원래 게오르기오스 게미스토스(Georgios Gemistos)였지만, 제2의 플라톤을 의미하는 'Plethon'이라는 성(姓)으로도 알려져 있었다. 그는 의심할 여지없이 당시 비잔티움 제국의 가장 위대한 철학자이자 박식한 사람이었다. 쿠자누스와 플레톤 두 사람 모두에게 이 사건은 중요한 사상의 전환점이었다. 그 결과 2년 후인 1440년 2월 쿠자누스는 비잔티움 정교회와 로마 가톨릭 사이에 미약하나마 동맹이 있을 것을 약속했으며,

---

15 쿠자누스는 바젤 공의회에서 시작된 줄리아노 체사리니(Giuliano Cesarini) 추기경과의 친교 덕분에 그로부터 전권을 위임받아 당시 교황의 대리 자격으로 피렌체 공의회의 서로마 측 대표 업무를 맡고 있었다. 그리고 이 여행은 정확히 1437년 11월 27일 시작해 1438년 2월 8일에 끝났다. 콘스탄티노폴리스에서의 쿠자누스의 외교 임무와 그 이후의 활동에 대해서는 Nikolaus von Kues, *Acta Cusana: Quellen zur Lebensgeschichte des Nikolaus von Kues*, ed. by Erich Meuthen and Hermann Hallauer, Hamburg: Felix Meiner, 1983, pp. 323~34; Erich Meuthen, *Nicholas of Cusa: A Sketch for a Biography*, trans. by David Crowner & Gerald Christianson, Washington: Catholic University of America Press, 2010, pp. 54~58 참조.

공의회가 끝난 직후에 『박학한 무지』(*De docta ignorantia*)라는 유명한 철학적 저서를 완성했다.[16]

쿠자누스와 플레톤이 지중해의 갑판 위에서 서로에게 얼마나 많은 감동과 철학적 영향력을 주고받았는지 상상하는 것은 어렵지 않다. 그들은 충분히 이야기할 시간이 있었으며, 배에 타고 있던 통역사들—중요한 외교 임무 수행을 위한 그리스어와 라틴어 전문가 7명—의 도움으로 그들의 서로 다른 언어는 전혀 방해가 되지 않았다. 그들에게는 플라톤주의라는 같은 사상과 고대 문화에 대한 지적 호기심이 충만해 있었다.[17]

불행하게도 플레톤의 가장 중요한 제자이기도 한 베사리온과 쿠자누스 사이에 오래 지속된 우정에 대해서는 말할 것도 없고, 당장 플레톤과 쿠자누스 두 사람의 실질적 관련성에 대해서도 그 직접적 증거를 찾

16 그가 베네치아로 향하는 지중해에서 얼마나 큰 지적 충격을 받았는지를 알 수 있는 문장이 있다. 그리고 책의 제목도 이러한 상황과 관련이 있다. "내가 오랫동안 다양한 교리적 접근을 통해 얻고자 열망해 왔으나 여전히 얻을 수 없었던 것들을, 나는 그리스에서 돌아오는 동안 바다에서—내가 빛이신 주 하나님의 신성한 선물을 믿듯이—박학한 무지 속에서 인간이 인식할 수 있는 불후의 진리를 초월함으로써, 불가해함을 이해할 수 없는 방식으로 인도되었다"(iam dudum attingerer variis doctrinarum viis concupivi, sed prius non potui, quousque in mari me ex Graecia redeunte, credo superno dono a patre luminum, a quo omne datum optimum, ad hoc ductus sum, ut incomprehensibilia incomprehensibiliter amprecterer in docta ignorantia, per transcensum veritatum incorruptibilium humaniter scibilium). Nicolaus Cusanus, "Epistola auctoris ad dominum Iulianum cardinalem", in *Opera omnia*, vol. 1, *De Docta Ignorantia*, ed. Ernst Hoffmann, Raymond Klibansky, Leipzig: Felix Mciner, p. 163.

17 배 위에서 일어났던 상황에 대한 문학적 상상력에 대해서는 H. Lawrence Bond, "Nicholas of Cusa from Constantinople to 'Learned ignorance'", *Nicholas of Cusa on Christ and the Church*, London: Routledge, 2012; Marjorie O'Rourke Boyle, "Cusanus at Sea: The Topicality of Illuminative Discourse", *Journal of Religion*, vol. 71, The University of Chicago Press, 1991, pp. 180~201 참조.

기란 쉽지 않다. 그러나 플레톤이 이후 서구에 얼마나 큰 영향력을 끼쳤는지는 생각보다 쉽게 찾을 수 있다. 그의 영향력은 이후에 나온 수많은 학자의 연구서들이 증명하고 있기 때문이다.

두 사람이 탄 배는 페라라에 닻을 내렸고 다시금 피렌체에 최종 도착했다. 이 모든 경비가 피렌체 공국의 코시모 데 메디치(Cosimo de' Medici)의 금고에서 나왔기 때문에 쿠자누스는 교황의 특사 자격으로 페라라에 파견되어 공의회에 참석했으며, 다시 교황의 허락을 받아 공의회를 피렌체로 옮겨 계속 진행될 수 있도록 모든 능력을 동원했다. 이렇게 해서 위대한 철학자 플레톤은 이미 인문의 향취가 듬뿍 배어 있던, 고대 그리스인들이 그러했던 것처럼 인간 이성에 대한 오만에 가까운 믿음으로 가득 찬 인문주의자들의 도시 피렌체에 플라톤 사상을 옮겨 심을 수 있게 되었다.[18]

처음에는 원래의 목적대로 종교적·정치적 토론이 주요한 일이었지만, 서로마의 인문주의자들은 얼마 지나지 않아 비잔티움 제국의 사절들이 자신들이 그토록 궁금해 마지 않았던 그리스 철학과 문헌의 전문가들임을 알게 되었다. 특히 그들은 당시 플레톤의 제자이자 니케아의 대주교였던 베사리온을 알게 된 것에 흥분을 감추지 못했다. 비잔티움 사절단을 맞이한 서쪽의 대표로 피렌체 총리직을 맡고 있던 브루니 역시 플라톤에게 큰 관심을 가지고 있던 참이었다.[19] 그는 베사리온이 그

18 이 역사적 사건을 피렌체 출신의 화가 베노초 고촐리(Benozzo Gozzoli, 1459~61)는 「동방박사의 행렬」이라는 제목의 거대하고 방대한 프레스코화로 표현했다. 그는 동방박사의 베들레헴으로의 여정을 메디치 가문과 비잔티움 제국의 황제, 플라톤주의자들을 비롯한 인문주의자들의 피렌체 공의회로의 행렬로 바꾸어 그렸다. 이 그림에서 플레톤은 붉은 모자를 쓴 나른 플라톤주의자들과는 달리, 파란색 천과 황금으로 이루어진 모자를 쓴 수염 많은 노인의 모습으로 등장하고 있다.

19 브루니는 1429년 당시 추기경에게 헌정하기 위해 쓴 『아리스토텔레스 전기』(*Vita*

모든 가르침을 플레톤에게서 배웠다는 이야기를 듣게 되었다.

이렇게 해서 피렌체를 비롯해 서로마의 지식인들 사이에 플라톤과 그 이름마저 비슷한 한 사람의 명성이 퍼져 나가기 시작했다.[20] 플레톤은 플라톤 사상을 강연했으며, 플라톤과 아리스토텔레스의 차이에 대해 설명했다. 그리고 자신의 강연 내용을 그리스어로 집필해 『플라톤과 아리스토텔레스의 차이』(*De differentiis Platonis et Aristotelis*)라는 책을 펴냈다. 그러나 그의 책이 그저 두 철학자의 '차이'가 아니라 플라톤의 '우월성'을 옹호하고 있음이 드러났을 때, 그의 인기는 더욱 치솟았다. 플레톤이 이탈리아와 인문주의자들에게 끼친 영향을 훗날 마르실리오 피치노(Marsilio Ficino)는 그가 비잔티움 제국으로부터 이탈리아로 플라톤의 정신을 옮겨왔다고 표현했다. 실제로 코시모 데 메디치는 피렌체 교외의 카레지(Careggi)에 플라톤 아카데미아를 설립하게 되었다.[21] 그렇게 해서 불씨는 이탈리아에서 더욱 왕성하게 타올랐다.[22]

Aristotle) 서문에서 이 책의 의도와 목적이 당시 명망 있는 이들 사이에서 철학자로서의 아리스토텔레스의 명성을 더욱 강화하기 위함임을 분명히 하고 있다. Leonardo Bruni, *Opere letterarie e politiche*, ed. Paolo Viti, Turin: Utet, 1996, p. 506; "Notitia quippe rerum earum non dubito fore ut apud te et alios praestantes ingenio viros et auctoritas huius philosophi et amor augescat"(나는 이러한 것들에 대한 앎이 여러분과 다른 천재들에게 이 철학자에 대한 권위와 사랑을 증가시킬 것임을 의심하지 않기 때문입니다). 동시에 그는 아리스토텔레스와 플라톤 사이의 학문적 유사성에도 주목하고 있었다.

20 Christopher M. Woodhouse, *George Gemistos Plethon: The Last of the Hellenes*, Oxford: Clarendon Press, 1986, pp. 171~214 참조.

21 Ihor Ševčenko, "Intellectual Repercussions of the Council of Florence", *Church History*, vol. 24, University of Michigan, 1955, pp. 291~323 참조.

22 Kenneth M. Setton, "The Byzantine background to the Italian Renaissance", pp. 57~58; Alison Brown, "Platonism in fifteenth century Florence and its contribution to early modern political thought", *Journal of Modern History*, vol. 58, The University of Chicago Press, 1986, pp. 389~90; Paul O. Kristeller, *The Philosophy of Marsilio Ficino*, trans. Virginia Conant, New York: Columbia University Press, 1943, pp. 15,

'플라톤과 아리스토텔레스의 차이'

플레톤은 『플라톤과 아리스토텔레스의 차이』에서 아리스토텔레스가 플라톤에 비해 교회의 가르침과 어긋나고 있으며, 그의 이론 가운데 일부는 무신론적 입장을 가지고 있음을 주장했다. 그 내용의 옳고 그름을 떠나 중요한 것은 그의 책을 통해 플라톤이 박제된 역사적 인물이 아니라 생생히 살아 있는 정신이 되었으며, 당시 유럽을 지배하던 아리스토텔레스와 겨룰 준비를 마치게 되었다는 점이다. 이제 고대의 두 사상가는 '부활'의 시대에 다만 그들이 쓴 글의 저자로서가 아니라 당대인들의 사상을 지배하는 두 거장으로 재탄생했다. 플레톤의 글로부터 향후 15세기 전체를 휩쓰는 논쟁이 시작되었으며, 덕분에 약 20여 편의 소책자들이 발간되는 성과가 나타나기도 했다.[23]

27; Albert Keller, "Two Byzantine scholars and their reception in Italy", *Journal of the Warburg and Courtauld Institutes*, vol. 20, The University of Chicago Press, 1957, pp. 363~66; Arthur M. Field, *The Origins of the Platonic Academy of Florence*, New Jersey: Princeton University Press, 1988, pp. 12~13.

23 그리스어 원제는 '*περὶ ὧν Ἀριστοτέλης πρὸς Πλάτωνα διαφέρεται*'이다. 본문에서는 『플라톤과 아리스토텔레스의 차이』로 표기했다. 베사리온은 1440년(혹은 1441년) 플레톤에게 편지를 써 플레톤이 자신의 글에서 표현하고 있는 플라톤의 특징들을 부정하고 있는 다른 견해를 보여 주는 연구자들의 글을 제시했다. 그는 플레톤의 『플라톤과 아리스토텔레스의 차이』의 구절을 직접 언급하기보다는 오히려 플레톤이 언급하지 않은 플라톤의 용어들, 즉 'ὑπόστασις'(가정, 전제), 'μέθεξις'(관여) 등을 통해 자신의 생각을 증명하려 했다. 그리고 얼마 지나지 않아 플레톤은 베사리온의 질문에 대해 편지로 답했으며, 다시 베사리온의 두 차례의 편지와 그에 대한 플레톤의 응답이 이어졌다. 테오도로스 가자(Thedorus Gaza)는 이어지는 논증에 대한 글로 유명세를 얻었는데, 『자발성과 비자발성에 대하여』(*περὶ ἑκουσίου καὶ ἀκουσίου*)가 그 제목이다. 이 글은 플레톤의 『플라톤과 아리스토텔레스의 차이』에 대한 대응으로 영혼이 가진 독립적인 도덕 선택의 가능성과 자유의지에 대해 다루고 있다. 그리고 머지않아 베사리온이 또 한 편의 글을 썼는데, 그것은 『아리스토텔레스의 실체 이론에 관한 플레톤의 주장에 대하여』(*πρὸς τὰ Πλήθωνος πρὸς Ἀριστοτέλη περὶ οὐσίας*)라는 제목이 붙어 있다. 그는 이 글에서 일관되게 플라톤과 아리스토텔레스의 주장 사이에 차이보다는 공통된 것이 있음을 주장하고자 했다. 즉 두 철학자의 개념이 다를 뿐, 그 안에 내

『플라톤과 아리스토텔레스의 차이』에서 플레톤은 둘 사이에 분명히 존재한다고 생각하는 사상의 차이 혹은 플라톤 철학의 우월함의 근거에 대해 밝히고 있다. 플레톤은 아리스토텔레스와 플라톤의 신에 대한 개념을 비교·분석했다. 그에 따르면, 플라톤은 모든 종류의 인지할 수 있고 독립된 개별 물질의 창조자이자 우주 전체의 창조자로 신을 상정한 반면, 아리스토텔레스는 오직 우주의 원동력으로 신을 정의했기에 플라톤이 규정한 신이 보다 우월하다고 평가했다. 그러나 플레톤의 견해는 생각하지 못한 이유로 한계에 부딪히게 되는데, 그것은 그가 라틴어를 거의 할 줄 모른다는 것, 그리고 피렌체인들 역시 그리스어를 모른다는 것이었다. 바로 이 시기에 등장한 인물이 게오르기오스 트라페준티오스(Georgios Trapezuntius, 1395?~1484?)이다.

그는 그리스의 크레타섬(당시 베네치아의 식민지였던 칸디아 왕국)에서 태어났다. 그가 라틴어를 배우게 된 이후 3년 만에 라틴 문학과 수사학을 가르칠 수 있었던 것은 플레톤과 달리 큰 장점이었다. 그는 베네치

포하고 있는 사상은 공통점이 있다는 것이다. 동시에 테오도로스 가자 역시 거의 비슷한 제목의 글을 써서 아리스토텔레스를 방어하고자 했다. 뒤를 이어 아포스톨리오스(Apostolius)는 테오도로스 가자를 비판하면서 아리스토텔레스가 무지한 자라고 말했지만, 그 뒤에 이어지는 다른 글이나 학설은 없는 것으로 보인다. 이에 대해 수도사였던 헤사이아스(Hesaias)는 그에게 편지를 써 어떻게 아리스토텔레스를 변호하고 방어할 수 있는지를 물었다. 베사리온의 'βουλεύεσθαι'(숙고하다)라는 말의 정의에 대해 게오르기오스가 의문을 제기하자, 이에 대해 베사리온은 『자연과 기술』(*De Natura et Arte*)이라는 제목의 글을 썼다. 그리고 게오르기오스의 『플라톤과 아리스토텔레스의 비교』(*Comparatio inter Platonem et Aristotelem*)에 대한 응답으로 『플라톤의 무고자들에 맞서』(*In Calumniatorem Platonis*)를 써냈다. 반박과 응답은 이 시기의 하나의 분위기였다고 할 수 있을 것이다. Giovanni Pico Della Mirandola, *Über das Seiende und das Eine: De ente et uno*, Heraus., übersetzt und kommnt. von Paul R. Blum, Gregor Damschen, Dominic Kaegi, Martin Mulsow, Enno Rudolph, Alejandro G. Vigo, Lateinisch-Deutsch, Hamburg: Felix Meiner, 2006, P. Einleitung, pp. 28~50 참조.

아 등지를 떠돌면서 이탈리아의 인문주의자들에게 그리스어를 가르쳤다. 이런 그가 공의회 시기에 피렌체에 도착해 아리스토텔레스를 옹호하는 주장을 내놓았다. 1458년 그는 『플라톤과 아리스토텔레스의 비교』(*Comparatio philosophorum Aristotelis et Platonis*)를 발표했다.[24] 그는 플라톤 사상이 필연적으로 이단의 성격을 가지고 있고 부도덕하기에 플라톤주의와 기독교는 결코 화해할 수 없음을 강하게 주장했다. 그리고 그는 자신의 논증에 대한 증거로 플라톤을 옹호했던 플레톤의 글에서 "플라톤을 읽음으로써 기독교를 버리고 고대 올림포스 신들에 대한 숭배로 돌아섰다"라고 한 부분을 인용했다.[25] 그의 책은 플라톤과 플레톤 모두를 심도 있게 비판했다. 또한 같은 비잔티움 제국의 학자였던 스콜라리오스(Scholarios, 1400~73) 역시 플레톤의 글에 반대하면서 오히려 아리스토텔레스가 플라톤에 비해 교회의 가르침에 더 가깝다는 내용의 책을 집필했다.[26] 플레톤은 이에 대해 다시 책으로 응답했다.[27]

---

24 John Monfasani, *George of Trebizondi: A Biography and a study of His Rhetoric and Logic*, Leiden: Brill, 1976, pp. 152~71, 201~29 참조.

25 John Monfasani, 같은 책, pp. 201~29 참조.

26 스콜라리오스(콘스탄티노폴리스에서 태어났으며, 원래 이름은 'Georgios Kourtesios'였다. 훗날 비잔티움 제국의 주요 인물이 되면서 'Scholarios'라는 성을 받았으며, 성직자로 수도원에 봉직하면서 'Gennadius'라는 이름을 받았다. 이 책에서는 스콜라리오스로 표기했다. 다만 당시의 책 제목에서는 흔히 그의 이름을 '게오르기오스 스콜라리오스'로 부르고 있기도 하다)는 그야말로 동방 정교회의 입장에 서 있던 인물로, 그동안 다져 놓은 비잔티움 제국 내에서의 영향력을 통해 그 역시 1438년 페라라 공의회에 비잔티움 제국의 대표로 참석했다. 그는 플레톤의 글에 반대하면서 오히려 아리스토텔레스가 플라톤에 비해 교회의 가르침에 더 가깝다는 내용의 『아리스토텔레스에 관한 플레톤의 난제들에 대하여』(*κατὰ τῶν Πλήθωνος ἀποριῶν ἐπ' Ἀριστοτέλει*, 라틴어 제목: *Aristotelis Defensio*)를 집필했다. John Monfasani, "The pro-Latin apologetics of the Greek émigrés to quattrocento Italy", *Greek scholars between East and West in the fifteenth century*, Surrey: Ashgate, 2016 참조.

27 『게오르기오스 스콜라리오스의 아리스토텔레스 공격에 맞서』(*πρὸς τὰς ὑπὲρ Ἀριστοτέλους Γεωργίου τοῦ Σχολαρίου ἀντιλήψεις*, 라틴어 제목: *In scholarii Defensionem*

사실상 게오르기오스의 글은 그들이 이미 콘스탄티노폴리스에서 벌이고 있던 논쟁의 무대를 이탈리아로 옮겨온 것이라고 할 수 있다. 비단 공간의 이동만을 의미하는 것이 아니었다. 게오르기오스의 글이 라틴어로 출판되는 바로 그 순간부터 이제 누구든 플라톤을 방어하고 싶다면 라틴어로 글을 써야 하는 상황이 되었다. 자연히 논쟁은 공간적으로든 언어적으로든 간에, 그리스에서 이탈리아로 그 무대를 옮아오게 된 것이다. 그가 스스로 인정하고 있듯이, 이 책의 목적은 이미 동로마 제국에 퍼진 플라톤 사상이 갖는 파괴적 영향력이 서로마 제국에 퍼지는 것을 경고하기 위함이었다. 그리고 이를 위해 베사리온은 이탈리아로 삶의 무대를 옮겨온 플라톤주의적 그리스인들의 비공식적 감독자이자 공공연한 게오르기오스의 적수로서 반박을 시작했다.[28]

베사리온은 플레톤의 제자로 『플라톤의 무고자들』(*In Calumniatorem Platonis*)을 발표해 플라톤을 옹호했다. 라틴어를 이용한 그의 변론은 성공적이었으며, 아들까지 합세한 게오르기오스의 주장은 점점 힘을 잃어갔다.[29] 특히 베사리온의 책은 피렌체의 아카데미아 원장이었던 피치노에게 큰 영향을 끼쳤다.

논쟁이 한창이던 시기에 아직 어린아이였던 피치노는 이후 플라톤의 이데아론에 푹 빠지게 되었다. 그는 베사리온의 영향을 받아 플라톤 저작들을 놀랄 만큼 천재적 능력으로 성실하게 라틴어로 번역하기에 이

Aristotelis)라는 책이다.

28 John Monfasani, "Cardinal essarion's Greek and Latin Sources in the Plato-Aristotle Controversy of the 15th Century and Nicholas of Cusa's relation to the controversy", *Knotenpunkt Byzanz*, De Gruyter, 2012 참조.

29 Kenneth M. Setton, 같은 책, p. 73; Nigel G. Wilson, 같은 책, pp. 57~67; John Monfasani, *George of Trebizond: A Biography and a study of His Rhetoric and Logic*, Leiden: Brill, 1976, pp. 155~62 참조.

르게 된다. 그렇게 해서 1468년 플라톤의 모든 대화편이 라틴어로 번역되었으며, 1484년 인쇄본이 출판되었다. 이제 코시모 데 메디치가 피치노에게 물려준 피렌체 근방의 카레지 빌라에는 스스로를 '아카데미아학파'라 부르는 많은 인문학자가 몰려들었다.

3. 조화와 화해의 움직임

이것은 기독교인들이 이단이라는 비난을 걱정하지 않고 자유롭게 플라톤을 연구해도 된다는 일종의 사상적 면허와 같다고 할 수 있을 것이다. 이로써 거대한 철학적 전쟁의 서막이 오르게 되었는데, 1597년 자코포 마초니(Jacopo Mazzoni)의 글에서 끝이 날 때까지 약 150년 동안 주요한 논쟁의 주제로 여겨졌다.[30] 르네상스 시대에 문화의 중심지였던 피렌체에서 철학 역시 왕성하게 펴져 나간 것이다.[31] 그리고 이 논쟁은 앞서 말한 것과 같이 역사적이고도 정치적인 이유로 15세기에 플라톤과 아리스토텔레스의 저작들이 한꺼번에 피렌체라는 지성의 도시에 흘러들어 옴으로써 생겨났다. 당연히 곧장 두 위대한 사상가를 추종하는 무리가 생겨났으며, 수없이 많이 읽히고 토론되었다. 그러나 사상의 전쟁이라 할 만한 이 치열한 논쟁에 비해 두 사상가 사이의 어떤 체계적이고도 방법론적인 차이가 전혀 파악되지 않는, 단순한 논쟁의 형태였을 뿐이었다.[32]

---

30 Frederick Purnell, *Jacopo Mazzoni and His Comparison of Plato and Aristotle*, Columbia University, Ph.D., 1971, pp. 64~92 참조.

31 John Monfasani, "Marsilio Ficino and the Plato-Aristotle Controvery", *Marsilio Ficino: His Theology, his Philosophy, his Legacy*, Leiden: Brill, 2002, p. 170 참조.

그리고 1482년 피치노가 코시모 데 메디치의 후원을 받아 『플라톤 전집』의 라틴어 번역을 완료했을 때, 피렌체에 준수한 청년 한 명이 나타났다.[33] 피치노는 곧바로 이 청년에게 매혹되었다. 그뿐만 아니라 또 다른 인문주의자 안젤로 폴리치아노(Angelo Poliziano) 역시 이 청년을 사랑하게 되었으니, 15세기 후반을 대표하던 피렌체의 두 학자가 이 청년에게 매료된 것이었다.[34] 일반적으로 '피코'라는 이름으로 잘 알려진 이 청년이 바로 조반니 피코 델라 미란돌라(Giovanni Pico della Mirandola, 1463~94)이다. 그는 이탈리아 북부 모데나(Modena) 근처의 작은 공국인 미란돌라를 통치한 귀족 가문의 자손이었다. 신동(神童)이라 불릴 만한 재능으로 그는 10세가 되었을 때 이미 그리스어와 라틴어를 배웠으며, 13세때에는 법학으로 유명한 볼로냐 대학에 들어갔다. 그러나 철학에 대한 그의 열정이 자연스레 그를 페라라 대학으로 인도했다. 그리고 여기서 느낀 그의 흥미가 그를 르네상스의 본고장인 피렌체

32 Ernst Cassirer, "Giovanni Pico della Mirandola: A Study in the History of Renaissance Ideas", *Journal of the History of Ideas,* vol. 3, University of Pennsylvania Press, 1942, p. 326. 플라톤주의자들과 아리스토텔레스주의자들 사이의 논쟁에 대해서는 Guido De Ruggiero, *Storia della Filosofia, III, Rinascimento, Riforma e Controriforma*, Bari: Editori Laterza, 1961, pp. 115~58 참조.

33 실제로 피코의 아름다운 용모에 대해서는 그에 대해 다룬 전기나 그의 초상화 등에서 확인할 수 있다. 피코에 대해 다룬 우리말 책으로는 다음이 유일하다. 피코 델라 미란돌라, 성염 옮김, 『피코 델라 미란돌라: 인간 존엄성에 관한 연설』, 철학과현실사, 1996.

34 피코와 폴리치아노 두 사람은 같은 해 같은 시기에, 14일이라는 같은 시간을 앓다가 죽었다. 죽음의 원인이 매독이라는 설 혹은 독살이라는 주장도 있다. 특히 그들의 관계가 동성애였을 가능성에 대해 말했던 이들로 인해 매독이라는 죽음의 원인이 제기된 것으로 보인다. 그들의 개인적 관계와 그 이상을 넘어 15세기 후반 피렌체에서의 위대한 지성인들의 만남에 대해서는 Christopher S. Celenza, "'We barely have time to breathe.' Poliziano, Pico, Ficino, and the Beginning of the End of the Florentine Renaissance", *The Intellectual World of the ItalianRenaissance*, Cambridge University Press, 2018, pp. 313~37 참조.

로 안내했다. 그 후 피코는 학문적 철학의 온상이었던 파도바 대학에서 공부했는데, 이때 유대인 개종자이자 영향력 있는 지식인이었던 엘리아 델 메디고(Elia Del Medigo)와 더불어 히브리어와 아랍어를 포함한 다른 언어들로 자신이 가진 언어적 능력을 넓혀 나갔다. 그 후에 신학 연구의 중심지라는 명성이 유지되고 있던 파리 대학에도 잠시 머물렀다.[35]

이러한 일련의 과정을 거치고도 여전히 20대 초반이었던 피코는 1484년 무렵 엄청난 학문적 목표를 세우고 그러한 계획을 확장하기 위해 피렌체로 갔다. 앞서 언급했듯이, 피렌체에서는 바로 이 시기에 피치노가 코시모의 후원 아래 『플라톤 전집』을 라틴어로 번역·출판했다. 이러한 분위기에 고조되어 피코는 로마에서 공개 토론회를 열고자 했다. 과연 위대한 두 철학자 사이에 대립만이 있는지, 공통된 진리는 없는지를 견주어 보자는 것이었다. 편지나 저술이 아니라 직접 모여 공개적으로 의견을 교환하자는 것이 그의 주장이었다. 1486년 12월, 이날을 위해 피코는 기꺼이 경비를 지출하고자 했고 토론회의 막을 여는 연설문이 될 논고까지 집필해 인쇄했다.

그러나 피코의 이 계획은 성공하지 못했다. 당시 교황 인노첸티우스 8세(Innocentius VIII)는 피코의 명제집이 교회에 의심스러운 의견을 제시하고 있다는 소문을 들었다. 이에 교황은 피코가 계획한 공개 토론회를 취소시키고 그의 모든 명제를 비난했다. 뿐만 아니라 교황은 "읽고, 필사하고, 인쇄한 모든 사람, 더 나아가 누군가가 읽은 것을 어떤 방식으로든 들었다고 생각되는 사람들까지도 모두 파문당할 것"이라고 공표했다.[36] 그렇게 공개 토론이 무산되고 피렌체로 돌아와 1494년 세상

35 이 책에 부록 형식으로 피코의 조카인 잔프란체스코 피코 델라 미란돌라(Gianfrancesco Pico della Mirandola)가 쓴 피코 전기를 번역해 실었다.

36 Giovanni Pico Della Mirandola, *Syncretism in the West: Pico's 900 Theses (1486)*, tr. and

을 떠날 때까지의 시기에 저술한 가장 중요한 작품이 바로 『존재자와 일자』이다. '하나' 혹은 '일자'가 '존재' 혹은 '존재자'보다 더 우월한지에 대해 묻고 있는 이 책은 당시 피코와 그의 동료 학자들에게는 신의 본성과 우주의 구조에 대한 문제와도 같은 것이라 할 수 있었을 뿐만 아니라 동시에 플라톤과 아리스토텔레스 견해 사이의 조화를 위한 노력을 담고 있다.

플라톤에게서—사실, 플라톤의 생각이라기보다는 플라톤주의자들이 플라톤을 해석하는 방식에 있어—'하나'는 존재자보다 우월하다. 피코는 이러한 생각이 아리스토텔레스와 결코 다르지 않음을 이야기한다. 그리고 그것을 증명하는 것이 그가 글을 쓴 목표임을 밝힌다.

> 나는 3년 전부터 아리스토텔레스주의자들에 대해 공부해 왔습니다. 이제 플라톤과 아리스토텔레스를 비교해 보고 싶습니다.[37]

앞의 문장은 1482년 가을 19세였던 피코가 피치노에게 쓴 편지 내용의 일부이다. 두 사람은 3년 전이었던 1479년 피렌체를 함께 여행한 적이 있었다. 이후 피코가 몇 년 동안 파도바에서 공부하면서 피치노가 쓴 『플라톤의 신학』(*Theologia Platonica*)을 한 부 요청하는 편지를 쓰게 된 것이었다. 어쩌면 피코는 피치노에게 보내는 편지에서 이미 자신의 연구가 '비교-화합'이라는 목적에 기반을 두고 있음을 고백하고 있다고 볼 수 있을 것이다. 즉 고대 그리스의 가장 위대한 두 거장의 철학 교리는 서로 화합하고 조화될 수 있음을 증명하고자 노력했다는 것이다.

comment. by Stephen A. Farmer, Arizona State University, 1998, p. 16 참조.

37 "Iam tres annos …… apud Peripateticos versatus sum …… ut iam …… Platonem cum Aristotele conferrem."

1490년 말 혹은 1491년 초[38] — 피치노에게 편지를 보내고 8년 이상이 지난 후에 — 에 피코는 로렌초 데 메디치, 폴리치아노와 함께한 소규모 회합에서 플라톤과 아리스토텔레스의 일치 가능성에 대한 핵심 문제를 논의했다. 그리고 그 내용을 친구인 폴리치아노에게 보내는 편지 형식으로 쓴 것이 바로 『존재자와 일자』이다.

책의 서문에 따르면, 당시 로렌초는 플라톤주의자들의 논변을 근거로 아리스토텔레스의 『니코마코스 윤리학』(*Ethica Nicomachea*)을 해설한 폴리치아노를 상대로[39] '존재자와 일자'에 대한 토론의 장(場)을 마련했다. 그리고 이때 폴리치아노는 플라톤주의자였던 로렌초의 비판에 어떤 식으로든 제대로 답하지 못한 것으로 보인다. 이를 마음에 걸려 하던 폴리치아노는 벗이었던 피코에게 자신이 어떻게 아리스토텔레스를 변호했으면 좋았을지를 물었다. 피코는 『플라톤과 아리스토텔레스의 조화』(*Platonis Aristotelisque Concordia*)라는 책의 집필을 계획하고 있었기에 그러한 의도 안에서 대답했다고 한다. 그러나 훗날 돌이켜보니 그것이 충분하지 않다고 여겨졌기에, 피코는 지면을 통해 이에 대해 보충하는 글을 쓰게 되었고 이것이 이 책이 등장하게 된 배경이다.

---

38 『존재자와 일자』의 정확한 작성 시기는 알려져 있지 않다.

39 1490~91년에 피렌체 스투디오에서 있었던 폴리치아노의 『니코마코스 윤리학』 강연을 의미한다. "며칠 전에 당신은 로렌초가 플라톤주의자들의 논변을 근거로 올해 당신이 직접 공개적으로 해설한 『니코마코스 윤리학』의 저자인 아리스토텔레스를 논박하면서 '존재자와 일자'에 대해 당신과 논했던 것을 내게 이야기해 주었습니다"(Narrabas mihi superioribus diebus, quae tecum de ente et uno Laurentius Medices egerat, cum adversus Aristoelem, cuius tu *Ethica* hoc anno publice enarras, Platonicorum innixus rationibus disputaret). *ibid*, p. 202.

4. 피코의 갑작스러운 퇴장

이 책을 통해 피코는 『파르메니데스』(*Parmenidēs*)와 『소피스테스』(*Sophistēs*)의 주요 부분을 증거 삼아 이러한 견해가 플라톤에게서 비존재자로서의 일자에 대한 설명이 아니라는 것을 보여 주고자 한다. 이러한 생각은 다만 플라톤주의자들의 의견일 뿐이다. 그리고 아리스토텔레스에게서 '존재자'의 의미란 '일자'와 교환 가능하며, 그것은 동시에 신을 의미함을 주장한다. 따라서 플라톤과 아리스토텔레스의 사상 사이에는 대립이 없으며, 화합 가능하다는 것이 이 책의 주요 입장이었다고 정리할 수 있다.

피렌체의 르네상스 정신이 정점에 도달했던 무렵, 아카데미아학파와 소요학파 사이의 분쟁도 최고조에 도달했다. 그리고 피코는 두 철학자의 입장이 조화될 수 있음을 보여 줌으로써 두 학파 사이의 분쟁을 종식시키고 사상의 화합을 이루고자 했다. 중세를 거치면서 자연스럽게 신의 권좌를 최상의 자리에 내주었던 인문학자들에게 "존재자"도 "일자"도 결국은 신에 대한 논의에서 완전히 벗어날 수는 없었을 것이기에 그의 이 책은 논란이 되었을 것이다. 물론, 100여 년이 지난 16세기 말부터 이러한 노력은 더이상 누구에 의해서도 실행되지 않았지만, 이 저작의 영향력은 상당했을 것이다.

일자로서의 신은 당연히 존재자보다 우월하다는 플라톤주의자들의 입장에서 피코의 주장은 받아들여질 수 없다. 플라톤이 말하는 일자가 이 하나의 이데아라면, 플라톤학파에서 일자는 단일성 혹은 완전성이라는 의미에서의 통합적 존재자보다 먼저의 자리에 놓인다. 동시에 일자가 가지는 외연성은 존재자의 범위보다 더 크다. 근원적으로 신은 제1질료로서 어떤 형상이나 질료를 가지지 않는다. 피코의 주장은 견고하지 않았고 결국 동시대 학자였던 안토니오 치타디니(Antonio Citadini)의 반박을 받게 되었다. 피코는 반박에 차분히 답변하면서도 자신의 주장을 결코 포기하지 않았다. 그러나 반박했던 치타디니에게도, 『존재자와 일자』를 읽은 이들에게도 시원하게 의문을 밝히지 않은 채로 피코는 재빨리 현실 세계에서 퇴장해 버렸다.

그렇다면 피코가 말하려 했던 바는 무엇이었을까? 결국 읽는 이들의 몫이겠지만, 피코가 위대한 두 그리스 철학자의 공통된 사상이라고 강하게 부르짖었던 것은 아마도 피코 자신의 주장이라고 생각해도 무방할 것이다. 신은 일자로서 모든 존재하는 것을 넘어 있기에 결코 존재자일 수 없다. 그러나 신은 그렇게 완전함 자체로 세상에 존재하고 동시에 자신이 창조한 이 완벽한 세상을 사랑했기에, 그러한 완벽한 세상을 인식할 수 있도록 인간을 창조했을 것이라는 것이 피코가 『인간 존엄성에 관한 연설』에서부터 일관되게 주장한 그의 사상으로 볼 수 있을 것이다.

> 나는 너를 세상의 한가운데에 위치시켰다. 그리하여 세상에 있는 것들 가운데서 아무것이나 편한 대로 살펴보게 했노라. 우리는 너를 천상 존재로도 지상 존재로도 만들지 않았고, 사멸할 자로도 불멸할 자로도 만들지 않았으니, 이는 자의적으로 또 명예롭게 네가 네 자신의 조형자(造形者)요, 조각가로서 네가 더 좋아하는 대로 형상을 빚어지게 하기 위함이다. 너는 〔네 자신을〕 짐승 같은 하위의 존재로 퇴화시킬 수도 있으리라. 그리고 그대 정신의 의사에 따라서는 신적이라 할 상위 존재로 재생시킬 수도 있으리라.[40]

40 피코 델라 미란돌라, 성염 옮김, 『피코 델라 미란돌라: 인간 존엄성에 관한 연설』, 철

아마도 이러한 생각이 피코를 위대한 르네상스 지식인들 가운데 한 사람으로 위치하도록 만든 이유일지 모른다. 존재자와 일자에 대한 그의 주장이 『존재자와 일자』에서 얼마나 논리적인지를 살피는 것도 하나의 목표라 할 수 있겠지만, 오히려 그가 이러한 시도를 한 가장 큰 이유가 무엇이었을지를 가늠해 보는 것 역시 더 큰 의미가 있을 것이다. 그런 의미에서 『존재자와 일자』는 이미 지나온 자리인 중세라는 토대를 허물지 않으면서 그 위에 부활된 인문주의 정신을 토대 삼아 빛나는 두 지성을 고찰하고자 하는 휴머니스트의 노력이라고 할 수 있을 것이다.

4. 『존재자와 일자』의 내용

『존재자와 일자』는 피코 사후인 1496년 출판된 그의 대표적 철학서로 1490년에서 1491년 사이에 작성된 것으로 추정된다. 피코는 이 작품의 근본 기획을 '아리스토텔레스와 플라톤의 일치'(consentio Aristotelis cum Platone)로 제시한다.[41] 우리는 그의 이런 기획과 '존재자'(ens)와 '일자'(unum)라는 책의 제목으로부터 그가 플라톤의 일자와 아리스토텔레스의 존재자 사이의 조화로운 합치를 도모하고 있음을 눈치챌 수 있다.

학과현실사, 1996, 135쪽.

41 『존재자와 일자』 202. 『존재자와 일자』 및 이에 대한 피코와 치타디니의 논쟁은 프란코 바첼리(Franco Bacchelli)와 라파엘 엡기(Raphael Ebgi)의 비판본을 인용한다. Giovanni Pico della Mirandola, *Dell'Ente e dell'Uno*, eds. and trans. Franco Bacchelli and Raphael Ebgi, Milan: Bompiani, 2010(이하 '*DEU*'로 표기).

전체 10장으로 구성된 이 책의 주장은 크게 셋으로 요약할 수 있다. (1) 일자와 존재자는 일치한다. (2) 존재자보다 우월한 초월적인 어떤 것이 있으며, 그것은 모든 완전성의 총괄체로서 하나인 동시에 존재 자체인 신이다. (3) (1)과 (2) 모두에서 플라톤과 아리스토텔레스의 사상은 일치한다. 즉 피코는 존재자와 일자의 일치, 하나의 존재자에 대한 우월성, 하나와 존재의 일치, 그러고서는 이 모든 사안에서의 플라톤과 아리스토텔레스의 일치를 주장한다. 그리고 이것은 그가 기획했으나 완성하지 못해 전해지지 않은 『플라톤과 아리스토텔레스의 조화』의 전체 구상과 방법을 짐작하게 한다. 피코는 『존재자와 일자』에서 디오니시우스 아레오파기타(Dionysius Arepagita, 또는 위(僞)디오니시우스)를 제외한 후대 학자들을 비판적으로 언급할 뿐 거의 인용하지 않는다. 즉 플라톤과 아리스토텔레스의 고대 문헌으로 직접 들어가 그들 사상의 단순한 공존이 아닌 조화로운 일치를 꾀하는 것이 그의 전략이었을 것이다.

그러나 이 책은 그의 본래 기획을 거의 실현하지 못한다. 책은 그 자체로 간략하고 압축적으로 서술되어 있기에 상세한 논증이나 문헌 분석을 거의 제시하지 않는다. 게다가 저작의 핵심 내용은 서로 상충되는 것처럼 보이는 부분도 많다. 예컨대, 그는 존재자라는 개념의 보편성으로부터 존재자와 일자의 일치를 주장하면서도 이후 일자라 불리는 신의 우월성으로부터 신의 초월적 특성으로 이행한다. 마지막으로 그가 주로 기대는 근거는 플라톤 해석이지 아리스토텔레스가 아니다. 이 문헌은 플라톤주의자들의 플라톤 저작에 대한 왜곡과 『파르메니데스』와 『소피스테스』에서의 진의를 비교적 직접적으로 밝힌다. 그러나 아리스토텔레스를 해석한 문헌적 전거에 대해 그는 '형이상학'이라고 대단히 모호하게 표현할 뿐이다. 심지어 그는 전통적 초월 범주에 대한 이론을 전개할 때조차 아리스토텔레스가 아닌 플라톤의 『소피스테스』에 기댄다.[42] 이는 논의의 고유한 특징으로 읽을 수도 있겠지만, 아리스토텔레스에 대한 대단히 느슨한 철학적 작업의 증거로 읽을 수도 있다.

따라서 우선 여기서는 불명확하게 제시된 플라톤과 아리스토텔레스의 일치 전략과 방법을 분석하고자 한다. 이를 위해 먼저 당대의 비교 전통 속에서 그의 주장을 살펴봄으로써 이 책이 갖는 고유성을 규정할 것이다. 이후에 이 책의 전체 구도를 관통하는 핵심 방법을 '플라톤의 오름길(anodos)과 내림길(kathodos)', '아리스토텔레스의 존재의 여러 방식의 진술(to on legetai pollakōs)'로 규정하고, 이로써 그의 저술의 전체 방법이 플라톤과 아리스토텔레스라는 두 축의 만남으로 형성되고 있음을 밝힐 것이다. 또한 그의 플라톤주의 비판을 살펴봄으로써 그가 플라톤을 아리스토텔레스와 결합해 플라톤주의자들의 전통적 일자 이론에서 벗어나고 있음을 규명하려 했으며, 특히 그의 아리스토텔레스 해석에 관심을 두었다. 과연 그의 아리스토텔레스 해석이 정확하고 엄밀한지를 물으면서, 만약 그의 이해가 부정확하다면 왜곡을 감행한 그의 고유한 동기가 무엇인지 해명하는 것을 목표로 삼았다. 이를 통해 단명(短命)으로 인해 펼쳐 내지 못한 '철학자 피코'의 형이상학 전체 구도를 그려 볼 것이다.

42 얀 아르트센(Jan Aertsen)은 "초월자의 질서에 대한 피코의 결론은 전통적"이지만, "그 개념의 보편성과 그 동일한 외연에 대한 그의 논증에는 새로운 측면이 있다"라고 평가한다. 그것은 그가 아리스토텔레스의 『형이상학』의 전통적 구절이 아닌 플라톤의 『소피스테스』 237E를 참고한다는 것이다. Jan Aertsen, *Medieval Philosophy as Transcendental Philosophy*, Leiden/Boston: Brill, 2010, pp. 582~83.

1) 비교 전통에서의 의의

피코의 기획이 갖는 고유한 의의를 이해하기 위해 앞서 언급한 시대적 배경인 당대의 플라톤-아리스토텔레스 비교 전통을 간략하게 살펴볼 필요가 있다. 이 논의는 비잔티움 제국에 보존되어 있던 고대의 지혜를 서유럽에 다시 되살린 플레톤에게서 시작한다. 플레톤은 그리스어로 작성된 『플라톤과 아리스토텔레스의 차이』에서 플라톤의 우월성을 강조한다. 이는 특히 아리스토텔레스의 영향을 수용한 로마 교회에 대한 신학적 불만에서 비롯했다.[43] 플라톤은 신을 "지성체, 분리된 실체, 그리고 이를 통해 나온 우주 전체의 데미우르고스(dēmiourgos)"로 규정하지만, 아리스토텔레스는 기껏해야 "이 우주의 원동자(kinētikon)"로 부를 뿐이다.[44] 훨씬 열등한 것을 칭송하느라 신의 가장 훌륭한 작품을 경시한다는 점에서 아리스토텔레스 철학은 '사소하다'(phaulos)는 것이 그의 평가이다. 차이를 비교하는 플레톤의 근본적 의도는 다음과 같은 그의 말에서 압축적으로 드러난다.

> 희랍과 라틴의 우리 선조들은 모두 아리스토텔레스보다 플라톤을 훨

---

43 플레톤의 종교적 관점에 대한 해석은 그가 정통 종교의 옹호자였다는 입장과 플라톤의 교의에 입각한 국가주의화된 신(新)이교도주의 입장으로 나뉜다. 자세한 내용은 다음의 주 36의 인용 문헌 참조. Eva Del Soldato, *Early Modern Aristotle: On the Making and Unmaking of Authority*, Philadelphia: University of Pennsylvania Press, 2020, p. 183, n. 36.

44 이 논문에서 플레톤의 저작은 베르나데트 라가르드(Bernadette Lagarde)의 비판본을 인용한다. Plethon, *De differentiis Platonis et Aristotelis*, in: Bernadette Legarde, "Le 〈de differentiis〉 de Pléthon d'après l'Autographe de la Marcienne", *Byzantion*, vol. 43, 1973, p. 321(이하 'Plethon, *De differentiis*'로 표기). 이에 대한 현대어 해석으로는 크리스토퍼 M. 우드하우스(Christopher M. Woodhouse)의 영역본이 있다(Christopher M. Woodhouse, *Geroge Gemistos Plethon: The Last of the Hellens*, Oxford: Oxford University Press, 1986, pp. 191~214).

> 씬 더 선호한다. 그러나 오늘날 사람들, 특히 서방 사람 대다수는 그들이 선조들보다 더 지혜롭다고 믿으며, 자연의 지혜에 대해 아리스토텔레스가 완성된 작업을 완수했다는 아랍인 아베로에스의 설득에 의해 플라톤보다 아리스토텔레스에 경탄한다. …… 그런데 지금도 오히려 플라톤에게 투표하는 이들이 있기에, 이들을 기쁘게 하고 저들〔오독자들〕이 극도로 공격적이지 않다면 그들을 수정하며 두 사람〔플라톤과 아리스토텔레스〕의 차이에 대해 간략하게 말하고, 한 사람이 다른 사람보다 다소 뒤처진다는 점을 …… 설명할 것이다.[45]

그의 비교는 한쪽의 다른 한쪽에 대한 우월성을 드러내려는 시도이다. 그리고 이를 통해 플레톤은 플라톤과 아리스토텔레스의 조화를 상정했던 신플라톤주의자들의 오래된 전통으로부터 완전히 이탈한다.[46] 그리고 플레톤의 뒤를 이어 플라톤과 아리스토텔레스를 견주는 르네상스 시기의 사상가들은 플라톤과 아리스토텔레스의 우월함을 논하는 구도에 싫든 좋든 빠져들 수밖에 없었다. 가령, 스콜라리오스는 "어떤 사람들은 …… 플라톤과 아리스토텔레스의 차이는 발화(leksis)의 현상이라고 말했다"라고 하면서 플라톤과 아리스토텔레스의 차이가 표현상의 차이에 불과하다고 평가한다. 그러면서 그는 이전의 그 누구도 플레톤과 같은 과도한 구별을 수행한 적이 없었다면서 플레톤을 비판한다.[47] 그럼에도 스콜라리오스는 "종교적 문제에서 결국 기독교 교리에

---

45 같은 곳.

46 Lloyd P. Gerson, *Aristotle and Other Platonists*, Ithaca/NY: Cornell University Press, 2006, p. 2. 로이드 P. 거슨(Lloyd P. Gerson)에 따르면, 3세기 중반부터 6세기 중반에 이르기까지 플라톤과 아리스토텔레스의 조화에 대한 가정이 널리 퍼져 연구되었다. 신플라톤주의자들은 그 둘의 일치를 'symphōnia'라 불렀다.

47 Scholarius, *Contra Plethonem*(=*Oeuvre Complètes de Georges Gennade Scholarios*, IV,

대해 아리스토텔레스가 부합하는 것으로 사람들은 알았다"[48]면서 아리스토텔레스 철학이 신앙의 진리에 더 어울린다는 입장을 표명한다.[49] 아리스토텔레스는 자연에 대한 지혜에 비할 수 없는 기여를 했을 뿐만 아니라 기독교에 부합하는 진리 역시 표현한다. 그가 보기에 아리스토텔레스의 신은 전 우주의 '제작자'(poiētikos)로서의 으뜸가는 원천(prōtē arkhē)이다.

이러한 대립 구도는 이들의 논의를 이어받아 라틴어로 퍼뜨린 게오르기오스와 베사리온에게서도 이어진다. 전체 3장으로 구성된 『플라톤과 아리스토텔레스의 비교』(*Comparatio philosophorum Aristotelis et Platonis*)에서 게오르기오스는 학문적 측면에서(제1장), 종교적 측면에서(제2장), 그리고 도덕적 측면에서(제3장) 아리스토텔레스를 플라톤에 비해 압도적 우위에 둔다.[50] 학문적 측면에서 플라톤은 아리스토텔레스에 비할 수 없다. 왜냐하면 논리학, 형이상학, 자연철학, 수학 등 온갖

---

pp. 1~116), eds. Louis Petit et al., Paris: Maison de la Bonne Press, 1935, 3.1-4. 여기에서 스콜라리오스는 "〔고대인들 가운데〕 누구도 그런 식으로 아리스토텔레스에 반대하는 작품을 쓸 정도로 플라톤을 선호하지 않았다"라고 하면서 플레톤을 비판한다.

48 Scholarius, *Contra Plethonem*, 4.35.

49 플레톤과 스콜라리오스의 논쟁 개요에 대해서는 Wilhelm Gass, *Gennadius und Pletho, Aristotelismus und Platonismus in der griechschen Kirche, nebst einer Abhandlung über die Bestreitung des Islam im Mittelalter*, Breslau: A. Gosohorsky, 1844, pp. 37~58 참조. 스콜라리오스가 플레톤을 비판하면서 아리스토텔레스를 옹호한 가장 주요한 이유는 플레톤의 신앙을 플라톤주의와 결합된 이교도적인 것으로 여겼기 때문이다(George Karamanolis, "Plethon and Scholarios on Aristotle", in *Byzantine Philosophy and its Ancient Sources*, ed. Katerina Ierodiakonou, Oxford: Oxford University Press, 2002, pp. 253~81).

50 논쟁의 개략적 내용에 대해서는 Edward P. Mahoney, "Aristotle and Late Medieval and Renaissance Philosophers", *The Impact of Aristotelism on Modern Philosophy*, ed. Richardo Pozzo, Washington D.C.: The Catholic University of America Press, 2004, pp. 14~19 참조.

종류의 학문에서 플라톤에게는 아리스토텔레스와 같은 명료함과 증명적 방식이 결여되어 있기 때문이다. 또한 그는 플라톤의 『파이드로스』가 부도덕한 삶으로 이끄는 반면, 아리스토텔레스는 그러한 플라톤적 삶과 정반대의 삶을 살았다고 평가한다. 특히 게오르기오스는 신앙적 문제에서 라틴 세계의 몰락을 막겠다는 비장한 각오로 플라톤을 비판한다. 그가 보기에 플라톤은 "말로는 신을 일자라 부르지만, 실제로는 여러 신을 숭배"하는 불경한 이단의 사상가에 불과하다.[51] 반면에 아리스토텔레스는 "우주(cuncta)를 단적으로 단일한 첫째 원리(principium)로 소급한다는 점에서 가톨릭교회의 진리에 부합"한다.[52] 심지어 그는 아리스토텔레스가 삼위일체를 짐작했고[53] 세계가 신의 자유로운 의지에 존립한다고 믿었으며,[54] 나아가 플라톤이 우화를 통해 시적 방식으로 겨우 설명한 영혼의 불멸을 증명해 냈다고 주장한다.[55] 따라서 게오르기오스가 '그리스인의 재앙'(graecorum calamitas)이라 칭하는 이교도적 타락은 플라톤의 저술에서 기인하는 것이다. 이에 반해 아리스토텔레스는 기독교에 부합하는 사상가이다.[56]

플라톤 철학에 대한 이러한 철저한 폄하와 인격적 차원에 이르는 비난을 고려하면, 베사리온이 게오르기오스를 '무고자'(calumniator)라 칭한 데에는 조금의 과장도 없을 것이다. 게오르기오스의 플라톤 왜곡을 교정하기 위해 그가 작성한 전체 6권의 방대한 저작이 바로 『플라톤의 무고자』이다. 이것은 원문에 대한 번역과 주해, 주요 개념에 대한 문헌

51 Georgius Trapezountius, *Comparatio philosophorum Aristotelis et Platonis*, 1523, 27r.
52 같은 곳.
53 같은 책, 46r.
54 같은 책, 65l.
55 같은 책, 68l.
56 같은 책, 89r.

적 용례 분석, 게오르기오스에 대한 비판을 모두 포함하는 거대한 작업의 결과였다. 이 작품에서 베사리온은 플레톤에서부터 이어지던 우월성 논의에서 벗어나 플라톤과 아리스토텔레스의 조화를 나름대로 꾀한다. 실제로 그는 플라톤의 『법률』(*Nomoi*)을 상당 부분 번역했을 뿐만 아니라 아리스토텔레스의 『형이상학』 역시 번역했다. 이러한 그의 입장은 다음과 같이 축약될 수 있다. "우리는 아리스토텔레스에 대해서도 언제나 존귀하게 말한다. 그리고 플라톤을 방어하는 동안에 아리스토텔레스를 헐뜯고 싶어 할 정도로 그릇되고 기이한 생각을 우리는 하지 않는다. 플라톤과 아리스토텔레스 둘 모두는 가장 지혜로웠기에, 그들이 인류에 가져온 은혜에 대해 우리는 감사해야 한다고 생각한다."[57]

그럼에도 플레톤의 제자로서, 특히 신앙적 문제와 연관해 그는 결국 플라톤을 더 선호할 수밖에 없었다. 플라톤 자신이 이교도였음은 부정할 수 없는 사실이지만, 그의 많은 주요 이론이 기독교의 근본 교리와 일치한다고 베사리온은 확신한다. 그는 "플라톤의 책이 아리스토텔

57 Bessarion, *In Calumniatorem Platonis*, Lib. II, cap. 2; "Nos enim de Aristotele quoque semper honestissime loquimur, absitque a nobis tam prava atque insolens cogitatio, ut dum Platonem tuemur, detrahere illi velimus. Utrumque enim sapientissimum fuisse arbitramur et gratias utrique pro beneficiis, quae in genus humanum contulerunt, agendas existimamus." 베사리온은 직전에 자신의 최초 라틴어 번역본에 아래와 같은 제목을 붙였다. 이 첫 번째 번역본은 나중에 나온 것과 편집과 번역이 약간 달랐다. 첫 번째 번역본의 제목과 해당 대목은 다음과 같다. Bessarion, *Liber Defensionum contra Obiectiones in Platonem: Cardinal Bessarion's Own Latin Translation of His Greek Defense of Plato against George of Trebizond*, ed. John Monfasani, Berlin/Boston: De Gruyter, 2023, Lib. II, Cap. 3; "Nos enim semper Aristotelis quoque honestissime meminimus; nec tam prava et insolens nos opinio capiat ut eum virum male tractemus cum Platonem defendimus. Utrumque enim sapientissimum esse arbitrantes, utrique gratias pro iis que in nos contulerunt beneficiis agimus, idque admoniti ab Aristotele ipso ita agimus." 이후 베사리온의 이 책은 '*Liber Defensionum*'으로 표기.

레스의 책보다 더 기독교에 합치한다"[58]라고 하면서 다음과 같이 주장한다.

> 그런데 반대자(게오르기오스)가 자신의 책 제2권에서 기독교의 진리와 성스러운 교회의 이론에 합치하는 이가 더 지혜롭다고 간주되어야 한다고 선언하면서 아리스토텔레스는 합치하고 플라톤은 불화한다고 주장하기에, 우리는 이 대목에서도 완전히 반대되는 것을 제시해 플라톤의 이론이 아리스토텔레스의 것보다 참된 종교와 신앙에 훨씬 더 부합함을 드러낼 것이다. 우리가 이러한 일을 하는 것은 플라톤이 교회와 친숙하다고 생각하거나 이를 드러내고 싶어서가 아니다. …… 그러므로 반대자가 아리스토텔레스를 위해 했던 것처럼 플라톤을 기독교인으로서 증명하려 애쓰지 않을 것이다. 그러나 만약 누군가 이교도 철학자들의 권위로부터 우리 신앙의 진리에 도움을 주고자 한다면, 아리스토텔레스보다 플라톤의 책이 더 효과가 있을 수 있음을 설명하는 방식으로 우리는 이 대목에서 논의를 전개할 것이다.[59]

이교도라는 점에서 플라톤이나 아리스토텔레스 모두 기독교 교리를 벗어나는 자들이다. 그러나 기독교 교리에 합치한다는 점에서 플라톤은 훌륭한 자연철학자인 아리스토텔레스를 능가한다. 베사리온이 보기에 플라톤의 『파르메니데스』에 등장하는 '하나'는 기독교의 신이다. "곳곳에서 플라톤은 만물의 첫째 원리를 '하나'(unum)라고 불렀고 곳곳에서 우주의 제작자(opifex)이자 창조자(creator)라 불렀으며, 곳곳에

58 Bessarion, *Liber Defensionum*, Lib. II, Cap. 1.
59 같은 곳.

서 최고선(summum bonum)이자 만물의 왕(rex)이면서 창시자(conditor)라 명명했다."[60] 이 점에서 플라톤은 아리스토텔레스를 능가한다.

이상에서 본 것처럼 플레톤에서 베사리온까지 이어진 플라톤-아리스토텔레스의 비교 논의는 근본적으로 둘의 우월함에 대한 측정 탐구가 되었다. 플라톤과 아리스토텔레스 모두의 훌륭함을 인정하고 조화시키려 했던 베사리온조차 특히 신앙의 교리 측면에서 플라톤의 우월함을 적극적으로 옹호했다. 물론, 여기에는 아리스토텔레스를 신봉하던 서유럽과 플라톤을 간직한 동방 정교회의 주도권을 둘러싼 현실적 권력 관계의 문제가 근저에 있을 것이다. 그럼에도 우리의 논의에서 중요한 것은 플라톤과 아리스토텔레스의 신 개념이 주요한 탐구 개념으로 등장해 플라톤 지지자들과 아리스토텔레스 지지자들이 문헌을 분석하면서 겨루는 논쟁의 근간을 형성했다는 것이다.

이러한 논의 배경에서 보면, '플라톤과 아리스토텔레스의 조화'라는 피코의 기치는 이전의 비교 전통을 완전히 극복하려는 획기적 시도로 읽을 수 있다. 이미 1486년 그는 『900논제』(*Conclusiones sive Theses DCCCC*)를 통해 플라톤과 아리스토텔레스의 일치를 다음과 같이 주장한 바 있다. "비록 그 말에서 불화하는 것처럼 보일지라도, 의미와 실제에서 플라톤과 아리스토텔레스가 일치하지 않는 그 어떤 자연적이거나 신적인 문제란 존재하지 않는다."[61] 그런데 여기에서의 일치

60 같은 책, Lib. II, Cap. 4.

61 Giovanni Pico Della Mirandola, *Conclusiones sive Theses DCCCC Romae anno 1486 publice disputandae, sed non admissae,* ed. Bohdan Kieszkowski, Geneva: Droz, 1973, Conclusiones paradoxe numero XVII secundum propriam opinionem, dicta primum Aristotelis et Platonis, deinde aliorum doctorum conciliantes, qui maxime discordare videntur, p. 54, n. 1; "Nullum est quesitum naturale aut divinum, in quo Aristoteles et Plato sensu et re non consentiant, quamuis verbis dissentire videantur." 이후 피코의

(consensus)란 상이한 주장들의 한갓 공존에 불과한 것이 아닐 것이다. 왜냐하면 그는 의미상으로도(sensu), 그리고 실제적으로도(re) 플라톤과 아리스토텔레스의 철학이 뜻을 함께한다고 말하기 때문이다. 모든 진리는 하나의 진리로 통일되어야만 한다. 그는 플라톤과 아리스토텔레스의 단순한 공존이 아니라 보편적이고 통합적인 진리 속에서의 만남을 추구한다. 그리고 이를 구체적으로 실현하기 위해 그가 꾀했던 기획이 바로 미완의 『플라톤과 아리스토텔레스의 조화』였을 것이다. 그 기획의 구체적 모습을 짐작하기 위해 이제 『존재자와 일자』의 전략과 방법을 분석해 보자.

2) 『존재자와 일자』의 두 방법

『존재자와 일자』는 전체 10장으로 구성되어 있다. 여기서 다루어지는 주제들은 다음과 같이 요약할 수 있다.

제1장: '일자'가 '존재자'보다 우월하다는 플라톤주의자들의 견해
제2장: 제1장의 플라톤주의자들의 견해에 대한 반박
제3장: '존재자'와 '일자'의 동일성과 치환 가능성에 대한 아리스토텔레스의 논증
제4장: 존재자보다 우월한 어떤 것이 있으니, 그것은 '하나님'(unus/unum)인 신(Deus)
제5장: 신으로 올라가는 네 단계의 과정
제6장: 플라톤주의자들의 제일질료(materia prima)에 대한 주장의 논박

이 책은 '*Conclusiones*'로 표기.

제7장: 일자가 존재자보다 더 보편적이라는 플라톤주의자들의 견해 논박

제8장: 피조물에게서의 초월자들(transcendentalia)

제9장: 신에게서의 초월자들

제10장: 품행의 개선을 위한 도덕적 당부

이상의 내용을 축약하자면, 전체 핵심은 (1) 가장 보편적인 '존재자'와 '일자'의 동일성(제3장), (2) '존재자'와 '일자'보다 우월한 '하나'(그리고 '존재' 자체)(제4장)로 구성된다. 그리고 이 둘 모두에서 플라톤과 아리스토텔레스가 뜻을 함께한다는 것이 피코의 견해이다. 그런데 (1)과 (2)는 얼핏 상충되는 주장으로 보인다. (1)에 따라 존재자가 가장 보편적이라면 그것보다 우월한 다른 '어떤 것'인 존재 자체이자 하나는 필연적으로 비존재자, 즉 무(無)가 될 수밖에 없기 때문이다. 따라서 제3장에서 제4장으로의 원활한 이행은 전체 논의를 유지하기 위한 가장 핵심적 기둥이라 할 수 있다.

제3장에서 피코는 먼저 존재자 개념의 보편성으로부터 논의를 시작한다. 그에 따르면, 존재자는 '무가 아닌 것'(quod est extra nihil), '존재가 결여되지 않은 것'(cui non deest esse), '무라고 불릴 수 없는 것'(quod nihil dici non potest)이다. 이렇게 파악된 존재자는 그 무엇보다도 외연이 넓은 가장 보편적 개념이다. 그리고 피코는 "존재하는 것은 하나이다"(unum est quod est)라는 파르메니데스의 말을 인용하면서 신플라톤주의자들의 생각과는 달리, 심지어 파르메니데스조차도 역시 존재자를 일자와 동등한 최우선적 명칭으로 간주했다고 평가한다.

그런데 피코는 이것을 존재자에 대한 유일하게 가능한 규정으로 받아들이지 않는다. 그는 '존재자'라는 용어가 두 가지 방식, 즉 복수

의 방식으로 파악되고 불려진다고 주장하기 때문이다. 예컨대, 그는 제3장을 다음과 같이 시작한다. "일자와 동일한지 문제시되고 있는 '존재자'라는 용어(dictio)는 두 가지 방식으로 파악할 수 있다. 첫 번째 방식에 따라 우리는 무가 아닌 것이라 생각하는 모든 것을 존재자로 부른다(dicimus)."[62] 이것은 대중(vulgus)이 통속적으로(emedio) 사용하는 의미에서의 존재자 개념이다. 이어지는 제4장에서도 여러 방식의 존재자 진술은 논의의 시원으로 기능한다. "존재자를 파악하는 방식으로 우리가 말해 왔던 것 가운데 하나의 방식을 설명했다. …… 우리는 다른 방식 하나를 더 설명해야 한다. 그 방식에 따르면, 그럼에도 존재자의 탁월함보다 우월하게 자리한 '어떤 것'이 있다고 분명코 참되게 주장할 수 있을 것이다."[63] 존재자를 부르는 다른 방식이란 존재(esse)와 존재자(ens)를 구별하고, 존재자와 일자가 존재와 하나(unitas)라는 이데아에 참여한다는 플라톤적 형상 이론의 방식을 말한다. 그리고 피코는 이런 방식의 존재자 규정에서도 플라톤과 아리스토텔레스가 견해를 함께한다고 주장한다.

이상에서 피코는 아리스토텔레스의 개별자로서의 '존재자' 개념과 플라톤의 형상으로서의 '존재' 개념을 동시에 참된 것으로, 그리고 둘 모두를 두 철학자가 동시에 주장한 것으로 파악한다. 이 주장이 가능했던 것은 존재자라는 것이 두 가지 방식으로 진술되고 받아들여진다고 전제하면서 이를 논의의 단서로 삼았기 때문이다. 이 점에서 그의 방법은 아리스토텔레스를 모방한다. 왜냐하면 이것은 아리스토텔레스의 "존재는 여러 가시로 진술된다"(to on legetai pollakōs)라는 유명한 경구

62 Giovanni Pico Della Mirandola, *DEU*, Cap. 3.

63 같은 책, Cap. 4.

를 연상시키기 때문이다. 아리스토텔레스는 다양한 대목에서 이 표현을 즐겨 쓴다. 특히 그는 『형이상학』 제7권을 이 명제로부터 시작한다. 여기에서 그는 다양한 범주의 차원에서 존재라는 진술이 가능함을 보인 이후에, 가장 주된 의미에서 "존재란 무엇인가"(ti to on)라는 실체에 대한 물음(ti esti ousia)에 다름 아님을 확인한 이후 제7권 전체를 실체의 형이상학으로 전개한다.

피코가 존재자 개념의 논의를 여러 가지 진술 가능성에 대한 언급으로 시작한 것은 한갓 우연이 아니다. 아리스토텔레스가 그랬듯이, 피코는 자신의 선언에 따라 그 개념의 용례를 통해 실체와 존재의 형이상학을 전개하기 때문이다. 그 논의의 정확성과 엄밀함을 차치할 경우에 불가능해 보였던 아리스토텔레스의 존재자 개념과 플라톤의 하나 개념이 공존할 수 있었던 것은 아리스토텔레스적인 '여러 진술 가능성'의 가정 덕분이었다. 따라서 『존재자와 일자』의 논의가 무너지지 않고 형태를 유지할 수 있었던 받침목은 아리스토텔레스적 방법이다.

반면에 아리스토텔레스가 『존재자와 일자』의 기둥이라면, 플라톤은 『존재자와 일자』 전체 논의의 설계도를 형성한다. 이 책에서 피코는 개별적 존재자에서 그 존재자가 참여하고 있는 존재와 신으로 논의를 발전시키는데, 특히 제5장에서 이 과정을 네 단계로 제시한다. 첫 번째 단계는 신의 탁월함과 완전성에서 출발한다. 이 단계에서 신은 '존재자 자체'(ipsum ens), '일자 자체'(ipsum unum), '좋은 것 자체'(ipsum bonum), '참된 것 자체'(ipsum verum)로 제시된다. 두 번째 단계는 이전 단계에 있던 각각의 좋은 것이라는 개별성에서 벗어날 것을 주문한다. 신이 이 모든 개별적 완전성을 넘어선다는 것은 단순히 그 모든 완전성을 각각의 것으로 포괄하고 있음을 의미하지 않는다. 이렇게 되면 신의 무한한 완전성이란 여러 완전성의 '합성체'(compositum)에 불과하기 때문이다. 그래서 두 번째 단계에서는 신의 '일자'로서의 단일성이 부각된다. 신은 모든 개별적 완전성을 자신의 단일성 속에 무한히 포함하고 있는 일자이다. 세 번째 단계는 '이름들의 한계'를 벗어날 것을 주문한다. 신을 '존재자', '좋은 분', '참된 분', '하나인 분'으로 부르는 것은 이데아를 분유하는 개별자로 표상하게 만든다. 오히려 신은 '존재 자체', '하나 자체', '진리 자체', '좋음 자체'라고 불러야 한다. 마지막 단계는 '무지의 빛'(lux ignorantiae)을 통해 알 수도 없고 말할 수도 없는 신의 부정적 특성을 강조한다. 신은 그 모든 이데아 자체보다 더 무한히 높이 있는 초월자이다.

피코는 존재자에서 신에 이르는 이상의 과정을 분명하게 일종의 오름길로 제시한다.

> 신의 이름으로 표현되는 사물의 불완전성에서 기인한 모든 얼룩을 신의 이름에서 씻어 냄으로써, 신이 거주하는 구름으로 올라감에 우리는 이제 두 단계를 나아갔다. 이제 두 단계가 남아 있으니, 하나는 이름들이 갖는 결함을 드러내는 것이고, 다른 하나는 우리 지성에 있는 불확실함을 폭로하는 것이다.[64]

여기서 피코는 존재자와 존재에 대한 학문을 어두운 구름 너머에 있는 신에 도달하는 과정으로 표현한다. 이러한 탐구 과정을 그는 '구름으로 올라감'(ascendere ad caliginem)으로 나타낸다. 그리고 신이 있는 어두운 곳에 도달한 이후, 그는 제8장과 제9장에서 존재, 참, 선, 하나라는 초월자들(transcendentalia)이 신에게 있음을, 그리고 신의 은총을 입

64 같은 책, Cap. 5.

은 모든 피조물에게 있음을, 그러나 신과 피조물에게서 그것들이 동일한 방식으로 있지 않음을 논한다. 이렇게 그는 오름길의 끝에서 모든 범주를 넘어선 초월적 범주 일반에 대한 학문으로 형이상학을 발전시킨다.

그런데 그는 자신의 논의를 이렇게 고양된 지순하고도 보편적인 단계에서 종결하지 않고 다시 한 번 다른 길을 더 걸을 것을 요구한다.

> 그러나 우리 자신이 아닌 〔무관한〕 다른 것에 대해 논의하지 않기 위해 가장 높이 있는 것들을 탐구하면서 저속하게 살지 않도록, 즉 천상의 것들의 이치를 탐색할 수 있는 능력을 하늘로부터 부여받은 우리에게 가당치 않은 방식으로 살지 않도록 조심해야 한다. 우리는 오히려 신적인 것에까지 도달할 수 있는 길이 열려 있는 우리 정신이 사멸하는 종자로부터 존재할 리는 없다는 것, 그리고 오직 신적인 것을 소유할 경우에만 행복하게 되리라는 것을 끊임없이 성찰해야만 한다. 이방인으로서 이 땅을 여행하는 동안에 지상의 것들에 대한 염려를 뒤로 하고 신적인 것을 위해 고양되면서 불타오를수록 우리 정신은 행복에 도달한다. 그러나 지금 이 논의가 무엇보다 일깨우는 바는, 우리가 복되고 싶다면 우리 속에 단일성(unitas), 진리(veritas), 선성(bonitas)을 지니고 있으므로 만물 가운데 가장 복된 신을 모방해야 한다는 것이다.[65]

피코는 고귀한 천상의 것에 관한 일체의 논의를 동물성을 동시에 갖춘 우리 자신의 삶(vita)과 품행(mos)의 개선(emendatio)에 대한 도덕적 탐구로 바꾼다. 그는 이것이 '논의 방향의 전환'(totam disputationem

65 같은 책, Cap. 10.

…… convertit)임을 분명히 알았다. 즉 지금까지 가던 길에서 다른 방향으로 걸을 것을 요구하는 것이다. 이 길은 구름에 이르러 획득한 근원적 진리가 우리 안에 내재하고 있음을 끊임없이 성찰하는 지난한 과정의 내림길이다. 그는 철학이 종국적으로 필멸하는 삶에 대한 윤리학이 될 것을 요구한다. 천상을 엿보면서 획득한 하나, 진리, 좋음이라는 초월적 진리를 이 삶의 지평에서 다시 지침으로 세우는 것이 그의 철학의 궁극적 실현이다. 따라서 피코는 오름길의 끝에 엿본 진리를 고이 품고서는 다시금 이 세계로 내려올 것을 요구한다.

이것은 논의의 전체 구도에 명백히 플라톤이 제시한 '오름길'과 '내림길'의 방법을 적용한 것이다. 플라톤은 『국가』에서 훌륭한 자들이 좋음 자체를 볼 수 있도록 오름길(anabainein)을 걸을 것을 요구한다. 그렇게 이데아 자체를 본 자들은 그 아름다운 광경에 머물러(katamainein) 있지 않고 그것을 가지고 이 땅에서 나누려는 내림길(katabainein)을 걸어야 한다.[66] 피코는 이 길을 『존재자와 일자』의 전체 구도로 설정한다. 그는 존재자에서 존재를 거쳐 신에 이르는 오름의 과정에서 좋음 자체, 진리 자체를 엿본다. 그리고 그는 이 진리를 다시 사멸하는 우리 삶의 지평에서 논의할 것을 종용한다. 앞서 우리는 아리스토텔레스의 '존재의 여러 진술'이 『존재자와 일자』의 논의가 전복되지 않도록 떠받치는 기둥이라 규정했다. 그렇다면 플라톤의 '오름길과 내림길'은 피코 논의의 전체 구도를 형성하는 길 내지는 방법 혹은 설계도라 표현할 수 있을 것이다.

66 플라톤, 『국가』 519d.

3) 존재자와 일자의 일치: 플라톤주의에서 플라톤으로

피코는 『존재자와 일자』 제1장부터 제3장까지 존재자에 대한 일자의 우월성을 주장한 플라톤주의자들의 견해를 논박한다. 아울러 일자와 존재자의 동일성이 아리스토텔레스는 물론 플라톤의 견해였다고 주장한다. 피코가 보기에 "존재자 자체가 일자와 동일하다"라는 것이 아리스토텔레스의 견해였음은 매우 분명하다. 피코에 따르면, 아리스토텔레스의 '존재자'는 모든 것을 포괄하는 가장 보편적인 것으로, 단적으로 말해 '무(無)의 타자'로 정의될 수 있다. 그런데 이런 의미에서의 존재자는 일자와 동일하다. 왜냐하면 아리스토텔레스는 『형이상학』 제4권 1003b22-26에서 "존재와 하나가 …… 동일자이고 하나의 본성이다"[67]라고 말하며, 아울러 『형이상학』 제3권 1001a31에서는 "존재자의 타자는 있지 않고" "존재하는 것들은 모두 하나이고, 그 하나가 존재자"[68]라는 것이 파르메니데스의 주장이라고 이야기하기 때문이다. 그런데 존재자와 일자의 동일성에 대한 견해가 일자의 우월성을 주장하는 것으로 전승된 플라톤의 견해와 어떻게 일치할 수 있는가?

이를 위해 피코가 취하는 첫 번째 전략은 플라톤주의자들의 일자의 형이상학을 플라톤의 견해로부터 분리하는 것이다. 신플라톤주의자들은 『파르메니데스』에 대한 주해와 적극적 해석을 중심으로 플라톤 철

---

67 아리스토텔레스, 『형이상학』 1003b22-26; "'만약 존재와 하나가, 시원과'와 원인이 그렇듯이 서로 따른다는 측면에서 동일한 것이고, 하나의 본성이라면"(εἰ δὴ τὸ ὂν καὶ τὸ ἓν ταὐτὸν καὶ μία φύσις τῷ ἀκολουθεῖν ἀλλήλοις ὥσπερ ἀρχὴ καὶ αἴτιον).

68 아리스토텔레스, 『형이상학』 1001a31; "왜냐하면 있는 것과 다른 것은 있는 것이 아니고, 파르메니데스의 말대로 있는 것들은 모두 하나이며 바로 이것이 있는 것이라는 결론이 필연적으로 따라 나오기 때문이다"(τὸ γὰρ ἕτερον τοῦ ὄντος οὐκ ἔστιν, ὥστε κατὰ τὸν Παρμενίδου συμβαίνειν ἀνάγκη λόγον ἓν ἅπαντα εἶναι τὰ ὄντα καὶ τοῦτο εἶναι τὸ ὄν).

학을 일자의 형이상학으로 전개했다.[69] 가장 대표적으로 플로티노스는 첫 번째 시원(arkhē)으로 '일자'(to hen)를 다음과 같이 제시한다. "왜냐하면 첫 번째가 아닌 것은 그것에 선행하는 것이 필요하며, 단적이지 않은 것은 존재하도록 그것을 이루는(en tōi) 단적인 것이 필요하다. 그런 종류의 것은 오로지 하나(hen)일 수밖에 없다."[70] 일자는 만물에 선행하면서 그 만물에 대한 타자(heteron)이며, 그 자체로(epi heauton) 존재한다. 정확히 말하자면, "일자가 존재한다"(to hen einai)라는 말조차도 거짓인데, 일자는 '존재 저편'(epekeina ousias)에 있기 때문이다. 따라서 일자에 대한 개념(logos)이나 지식(epistēmē)도 불가능하다. 이렇게 플로티노스는 일자를 일체의 여럿을 총괄하면서도 넘어서 있다는 점에서 부정성 속에서 파악한다. 그리고 그에게 존재는 일자 이후에 비로소 일자로부터 잇따라 나오는 것이다. 『엔네아데스』(*Enneades*)에 따르면, 최초의 일자로부터 '하나-여럿'(hen polla)인 정신(nous)이 나오며, 다시 정신은 '하나이자 여럿'(hen kai polla)인 영혼(psykhē)을 낳는다. 그런데 플로티노스에게 존재란 바로 정신의 사유에 다름 아니다. "정신과 존재는 동일한 것이다"(nous kai on tauton).[71] 요컨대, "'존재'는 '하나'로부터 태어나는 것이다"(to einai apo tou hen gegonenai).

---

69 이 전통의 개괄은 베르너 바이어발테스, 조규홍 옮김, 『플라톤주의와 독일 관념론』, 누멘, 2010, 49~144쪽 참조.

70 Plotinos, *Enneades*, V, 4, 1. 이에 대한 조규홍의 번역은 다음과 같다. 플로티노스, 조규홍 옮김, 『영혼-정신-하나』, 나남, 2018, 34~35쪽; "왜냐하면 첫 번째가 아닌 것은 그에 앞서 다른 어떤 것을 필요로 할 것이니, 더이상 순수한 것이 아니요, 차라리 그에 앞선 〔정작〕 순수한 것 이후에 존재하는 것에 불과하기에, 기껏 전자로부터 비롯된 존재이겠기 때문이다. 과연 순수한 의미로서의 하나는 홀로 존재할 수 있어야 한다."

71 Plotinos, *Enneades*, V, 4, 2.

> 거기로부터[일자로부터] 나온 첫 번째 것인 존재(on)라 불리는 것은 조금 앞으로 나아간 이후 더는 앞으로 가기를 원하지 않는다. 그것은 안으로 돌아서서(estē) 실체(ousia)가 되고 만물의 헤스티아가 된다.[72]

존재란 일자로부터 나온 정신이 본래의 자기를 향해 돌아섬(metastre-phein)으로써 발생하는 자기 거리의 표현이자 자기에서 자기로의 건너감의 실현이다. 따라서 떨어져 있는 것에 대한 동경과 건너감, 즉 존재가 가능하기 위해 일자는 존재에 선행해야만 한다.

플로티노스는 플라톤의 『파르메니데스』가 이를 매우 정확하게(akribesteron) 설명한다고 주장한다.[73] 그리고 상술했듯이, 플로티노스의 노선을 따라 일자의 형이상학을 전개한 이들 — 프로클로스, 아멜리오스(Amelios), 포르피리오스, 시리아노스(Syrianos), 다마스키오스(Damascios) 등 — 은 『파르메니데스』를 실제적 교의(dogma)를 제공하는 지침으로 삼아 나름의 사상을 발전시켜 나간다. 그리고 이렇게 『파르메니데스』를 주요 교의를 담은 실제적 형이상학으로 간주하면서 신앙의 진리에 맞게 적극적으로 해석하려는 움직임은 피치노와 쿠자누스 등에 의해 르네상스 시대에 다시 나타난다. 피치노는 『파르메니데스에 대한 주해』(*In Parmenidem*)에서 "일자는 결핍(defectus)이 아닌 과잉(excessus)으로 인해 본질을 넘어선다(praeter essentiam)"라고 주장한다.[74] 일자는 본질보다 더 좋지만, 그럼에도 본질 속에 일종의 정점(apex)으

---

72 Plotinos, *Enneades*, V, 5, 5.

73 Plotinos, *Enneades*, V, 1, 7.

74 Marsilio Ficino, *in Parmenidem*, in *Marsilii Ficini, Philosophi, Platonici, Medici atque Theologi Omnium praestantissimi*, vol. 2, Basil, 1576, p. 1158: "Dicitur autem ipsum unum praeter essentiam, non propter defectum quidem, sed excessum, quoniam est melius quam essentia, sed nuquid extat in essentia velut apex."

로 실존하지는 않는 절대적인 것이라는 것이 그의 결론이다. 또한 쿠자누스는 플라톤이 『파르메니데스』에서 내세운 진리로 "모든 것은 일자인 한에서 존재한다"(Omnia in tantum sunt, quantum unum sunt)를 제시한다.[75] 일자는 현실적으로 존재하는 것뿐만 아니라 가능한 것까지 포함하기에, 아리스토텔레스의 말과 달리 일자가 존재자보다 더 광범위하다는(capacius) 것이다.

이처럼 일자의 우월성에 대한 전통의 전거는 앞서 설명한 대로 플라톤의 『파르메니데스』이다.[76] 『파르메니데스』의 첫 번째 연습에서 플라톤은 파르메니데스 노선을 따라 다음과 같이 하나의 가정(hypothesis)에서 출발한다. "만약 하나라면(εἰ ἕν ἐστιν) 하나는 다른 어떤 것, 즉 여럿이 아닐 것이다."[77] 이 가정으로부터 플라톤은 일자를 "다른 어떤 것이 아니다"(allo ti ouk)라는 부정성 속에서 계속 탐구한다. 이 논의 끝에 하나는 "이름을 붙일 수도, 진술될 수도, 추측될 수도, 인식될 수도 없으며, 존재하는 것들 가운데 어떤 것도 그것을 지각할 수 없다"[78]라는 결론에 이른다. 단적으로 "하나는 하나도 아니고 있지도 않는다"(τὸ ἕν οὔτε ἕν ἐστιν οὔτε ἔστιν).[79] 이렇게 첫 번째 연습을 통해 단적으로 정립

75 Nicolaus Cusanus, *De Venatione Sapientiae*, in *Philosophisch-theologische Werke*, vol. IV, Hamburg: Felix Meiner, 2002, p. 88.

76 『파르메니데스』 전체와 각각의 연습에 대한 구성 및 하나에 대한 논의에 대해서는 김상봉, 「플라톤의 『파르메니데스』편에서의 「하나의 부정성: 「왜 아무것도 없지 않고 무엇인가 있는가?」라는 물음에 대하여」, 『연세철학』 5, 연세대학교 대학원, 1992, 1~29쪽; 김수진, 「플라톤의 『파르메니데스』편에서 '오직 하나인 하나'와 '여럿인 하나': 2부의 첫 번째 가설과 두 번째 가설에 대한 탐구를 중심으로」, 『서양고전학연구』 58-2, 서양고전학회, 2019, 73~100쪽 참조.

77 Platon, *Parmenides*, 137c.

78 같은 책, 142a.

79 같은 책, 141e.

된 하나 자체는 그 모든 속성과 여럿의 계기 및 존재마저도 넘어서면서 '아니다'라고밖에는 말할 수 없는 초월적이고 부정적인 무제약성 속에서 설명된다.

반면에 두 번째 연습은 존재하는 하나에 대한 가정에서 출발한다. "만약 하나가 있다면(ἓν εἰ ἔστιν) 그것은 한편으로 있을 수 있지만, 한편으로는 존재에 참여할 수 없는가?"[80] 물론, 이것은 불가능하다. 그런데 이렇게 존재하는 것이 된 하나는 앞서 탐구한 단적인 것으로서의 하나와 더이상 동일할 수 없다. '하나는 하나이다'(ἓν ἕν)라는 진술과 '하나가 있다'(ἓν εἶναι)라는 진술은 다르다. 즉 '존재'와 '하나'는 다르다. 따라서 '존재하는 하나'는 필연적으로 존재와 하나라는 부분을 포함하기에 여럿의 계기를 포함할 수밖에 없다. 즉 존재하는 하나는 '하나-여럿'이 된다.

피코는 『존재자와 일자』 제1장과 제2장에서 일자의 우월성에 대한 플라톤주의자들의 견해를 소개하면서 이를 비판한다. 그는 이때 특히 일자의 초월성을 논하는 첫 번째 가설에 대한 분석에 집중한다. 이 비판의 핵심은 『파르메니데스』의 첫 번째 가정이 '변증술적 연습'(exercitatio dialectica)에 불과하다는 것이다.

> 그런데 이와 관련해 『파르메니데스』에 대해 먼저 언급하자면, 그 대화편 전체에서는 어떤 것도 주장된 바 없고, 설혹 그러한 주장이 있다고 하더라도 그런 교의(dogma)가 플라톤의 것이라고 치부하게 해 줄 그 어떤 것도 명확하게 발견되지 않는다. 우리는 이 대화편을 분명히 플라톤 작품들 가운데 교의적 대화편에 속한다고 생각해서는 안 될 것이니, 이 책은

---

80 같은 책, 142b.

전체가 단지 변증술적 연습에 지나지 않기 때문이다.[81]

인용문에 따르면, 『파르메니데스』의 논의는 하나의 훈련에 불과하다. 따라서 그것은 하나의 교의로서 무엇인가를 적극적으로 주장(asseveratio)하지 않는다. 그리고 만약 무엇인가를 주장한다 하더라도, 그 주장은 일자의 우월성이 아니다. 따라서 『파르메니데스』를 모범으로 일자의 우월성을 주장하는 해석은 자의적이고 폭력적이라는 것이 피코의 평가이다. 이를 확인하기 위해 피코는 그간의 모든 해석을 제쳐놓고 대화편 자체의 흐름을 따라가 볼 것을 제안한다.

피코는 먼저 『파르메니데스』 135d의 구절을 언급한다. "그리고 또 너 자신에 집중하고, 특히 젊었을 때 여러 사람이 무익하다고 여기는, 그래서 그들이 수다나 요설이라 부르는 능력을 더 열심히 연마하라. 그렇지 않으면 진리가 너로부터 달아날 것이다."[82] 해당 구절에서 파르메니데스는 분명하게 무익한 변증술을 훈련(exerce · gymnasai)할 것을 권한다. 그 훈련은 제논(Zenon)의 방법을 따르는 것으로 '어떤 것이 있다면'(si res aliquid sit)이라고 가정하거나 '그렇지 않다면'(si non sit)이라고 가정하고 그 결과를 그 자체로, 그리고 다른 가능성과의 관계에서 고찰하는 정신의 노동을 지칭한다. 피코는 『파르메니데스』의 전체 대화편이 바로 이 전제와 귀결의 끊임없는 물음 속에서 움직이고 있다고 해석한다. 그는 대화편 전체를 살펴보면, "그 어떤 것도 확언되지 않으며, 다만 어떤 것이라면 어떤 귀결이 나오고, 아니라면 어떤 귀결이 나오는지만을 도처에서 묻고 있을 뿐"[83]임을 알 수 있다고 주장한다. 일자가 존

81 Giovanni Pico Della Mirandola, *DEU*, Cap. 2.

82 같은 곳.

83 같은 곳.

재자가 아니라는 것은 분할 불가능, 무한, 어디에도 없음(nusquam sit)과 같은 다른 부정성들을 나열하는 가운데 등장하는 하나의 귀결일 뿐이다. 따라서 이로부터 존재자에 대한 일자의 우월성을 실제적 이론으로 정립하는 플라톤주의자들의 시도는 과도한 해석이다. 더 나아가 피코는 설혹 『파르메니데스』의 첫 번째 연습에서 무엇인가가 긍정적으로 정립된다 하더라도, 그것은 플라톤주의자들의 주장과는 전혀 다른 것이 되리라고 덧붙인다. "여기에서 논의되고 있는 것이 변증술적 연습이 아니라 존재자와 일자에 대한 교의라 하더라도, '일자가 존재자보다 우월하다'라는 주장과 '모든 것이 일자라면 일자는 존재자가 아니라는 결과가 나온다'라는 주장 사이에 얼마나 큰 차이가 있는지를 주목하라."[84]

이렇게 『파르메니데스』의 해당 구절이 한갓 변증술적 연습에 불과함을 해명한 이후, 피코는 더 나아가 오히려 플라톤 자신의 주장은 존재자와 일자의 동일성이었다고 확신한다. 이를 위해 그가 전거로 드는 것은 『소피스테스』 237d-e의 구절이다. 여기에서 플라톤은 '어떤 것'(to ti)이라는 말이 '어떤 하나'(ti hen)라는 말에 다름 아니며, '어떤 것이 아닌 것'(to mē ti)은 '비존재'(mēden)와 동일하다고 이야기한다.[85] 피코가 보기에 이것은 존재자와 일자의 동일성을 분명히 드러내는 구절이다. 왜냐하면 '어떤 것이 아닌 것'이 '비존재자'라면 '존재자'는 '어떤 것'

---

84 같은 곳.

85 플라톤, 『소피스테스』 237d; "'어떤 것'을 말하는 자는 필연적으로 '어떤 하나'를 말한다는 점을 당신이 고찰하기에, 당신은 여기에 동의를 하는 겁니까?"(ἆρα τῇδε σκοπῶν σύμφης, ὡς ἀνάγκη τόν τι λέγοντα ἕν γέ τι λέγειν;) 플라톤 『소피스테스』 237e; "그래서 '어떤 것이 아닌 것'을 말하는 자는 '전혀 아닌 것 (μηδεν)을 말한다는 점이 필연적으로 보입니다"(τὸν δὲ δὴ μὴ τὶ λέγοντα ἀναγκαιότατον, ὡς ἔοικε, παντάπασι μηδὲν λέγειν).

과 동일하며, 따라서 '존재자'는 '어떤 것'과 동일한 '어떤 일자'와도 동일할 수밖에 없기 때문이다.

존재자와 일자의 동일성이 플라톤과 아리스토텔레스 모두의 견해였다는 것은 피코의 오랜 믿음이었다. 실제로 그는 이미 『900논제』에서 "'일자를 말하지 않는 자는 비존재자를 말하는 것이다'(Qui unum non dicit nihil dicit)라는 『소피스테스』의 경구는 '일자를 모르는 자는 아무것도 알지 못하는 것이다'(Qui unum non intelligit, nihil intelligit)라는 아리스토텔레스의 말이다"[86]라고 표명했다. 이를 고민하다가 그가 내놓은 방책이 플라톤 자신의 견해로 돌아가 『파르메니데스』를 읽으라는 것이다. 그러면 그것이 단순한 변증술적 연습을 위한 저작임이 드러난다는 것이다. 그리고 이것은 플라톤의 『파르메니데스』를 읽는 본래의 방법이기도 했다. 실제로 프로클로스는 『파르메니데스』를 해석하는 네 가지 전통적 관점을 다음과 같이 언급한다. 1) 엘레아학파를 논박하기 위한 아포리아적인 논리적 연습(logikē gymnasia), 2) 훈련으로서의 논리적 연습, 3) 존재에 대한 형이상학, 4) 하나에 대한 형이상학. 이 가운데 2)에 대해 프로클로스는 1)의 주장과 같은 논박(antigraphē)을 위한 성격을 부정하면서도 논리적 연습의 특징을 지니고 있다고 해석하는 사람들이 있었다고 말한다. 그에 따르면, 이 대화편은 다음과 같이 대략 세 개의 부분으로 나뉜다. "그 가운데 한 부분은 이데아 이론의 난제를 제출하고, 또 한 부분은 진리를 구경하기 좋아하는 사람들(philotheamones tēs alētheias)이 스스로를 단련함에 이용(dia)해야 하는 방법에 대한 간략한 제시를 하고 있으며, 나머지 한 부분은 바로 그 방법

86 Giovanni Pico Della Mirandola, *Conclusiones, conclusiones secundum propriam opinionem*, II. 5. 56; "Dictum illud in sophiste. Qui unum non dicit nihil dicit: il|lud est quod ab Aristotele dicitur. Qui unum non intelligit ni|hil intelligit."

을 『파르메니데스』의 하나에 대한 사례에서 익숙하게 만든다."[87] 그리고 이 세 부분이 공통적으로 겨냥하는 단 하나의 목표는 '논변 연습의 훈련'(hē tēs gymnasias tēs en tois logois askēsis)이다. 왜냐하면 첫 번째 부분은 방법의 필요성을 설명하고, 두 번째 부분은 방법을 제시하며, 마지막으로 세 번째 부분은 그런 종류의 모든 사안에서 스스로를 단련(gymnazesthai)하기 위한 방법의 방식을 제시하기 때문이다. 마찬가지로 피코는 『파르메니데스』의 대화 흐름(series)에 주목해 일자에 대한 논의가 젊은이를 위한 철학적 훈련의 한 사례였음을 주장한다. 따라서 그의 해석은 짧은 지면에서 실현해 낸 나름의 철저한 문헌 분석의 결과였다고 볼 수 있다. 그리고 이러한 문헌적 연구를 통해 그는 플라톤주의의 일자 이론을 벗어나 일자와 존재자의 일치를 플라톤과 아리스토텔레스 모두의 공(功)으로 돌리게 된다.

4) 하나의 존재자에 대한 우월성: 아리스토텔레스의 변형

존재자와 일자에서 존재와 하나로: 피코의 플라톤주의

그런데 만약 이상의 논의에서 피코가 멈추고서는 플라톤의 일자와 아리스토텔레스의 존재자 사이의 일치만을 도모했다면, 그가 한 것은 사실 플라톤의 왜곡에 불과할 것이다. 그러나 피코는 재차 존재자에 대한 하나인 분(unus)의 우월함을 주장하고 이를 플라톤의 형상 이론 및 참여 이론과 결합함으로써, 궁극적으로 플라톤주의자로서의 입장을 드러낸다. 이상의 전환은 앞서 설명했던 대로 존재자를 부르는 다른 방식에 의거하는 것으로, 이에 의하면 존재자보다 우월한 '어떤 것'이 있다.

87 Proclos, *Procli In Platonis Parmenidem Commentaria*, ed. Carlos Steel, vol. 1, Oxford: Oxford University Press, 2007, p. 634.

존재자를 부르는 다른 방식에 의거한다면, 존재자는 '구체적인 것'(concretum)과 '추상적인 것'(abstractum)으로 나눌 수 있다. 피코는 구체적인 것의 사례로 '뜨거운 것', '빛나는 것', '인간'과 같은 것을, 추상적인 것의 사례로는 '열', '빛', '인간성'을 제시한다. 이 둘의 차이는 '그 자체로'(a se) 그러한 것과 '다른 것에 의해'(ab alio) 그러한 것이라는 점에 있다. 즉 뜨거운 것이나 인간과 같은 구체적 존재자는 바로 열이나 인간성 같은 자체적인 것에 의거해 존재한다는 것이다. 피코에 따르면, 이것은 구체적인 것의 추상적인 것에 대한 '참여'(participare)이다. "모든 윤이 나는 것은 이 윤기로 인해 윤이 나며, 모든 뜨거운 것은 이 열에 **참여**함으로써 뜨겁기 때문이다."[88] 즉 구체적 존재자를 추상화해 얻어낸 파생명사가 추상적 존재자인 것이 아니라 추상적 존재자에 참여함으로써 구체적 존재자가 존재를 얻는다. 이렇게 개별적이고 구체적으로 존재하는 개물(個物)을 '~임 자체'에 참여(metekhein)한다고 설명한다는 점에서, 이상의 존재의 진술 방식은 플라톤의 형상 이론을 따르는 것이다.

그리고 피코는 이상의 플라톤적 존재 개념으로부터 존재자에 대한 존재의 우월성을 도출한다.

> 존재자에는 구체적 이름의 측면이 있다. '존재자'와 '존재하는 것'(id quod est)은 같은 말이기 때문이다. 그것을 추상화한 것이 바로 '존재'(esse)인 것처럼 여겨지니, 마치 '빛'에 참여하는 것을 '빛나는 것'이라 부르고 '봄 자체'(ipsum vedere)를 지니는(inesse) 것을 '보는 것'(videns)이라 하는 것처럼 '존재 자체'(ipsum esse)에 참여하는 것이 존재자(ens)이다.[89]

---

88 Giovanni Pico Della Mirandola, *DEU*, Cap. 4.

존재하는 것으로서 존재자는 존재 자체에 참여하는 구체적인 것이다. 그런데 앞서 설명한 대로 구체적인 것은 자신과는 다른 것에 참여하는 것이므로, 존재 자체는 존재자가 아닌 것이 될 수밖에 없다. 즉 존재는 존재자와 다르다. 피코는 이런 존재 자체는 "존재 전체의 충만(totius esse plenitudo)이자 유일하게 자기 자신에 의해 존재하는 자이며, 그 어떤 매개의 개입도 없이 오직 그로부터만 만물이 존재로 나아가는 원천인 신"[90]이라고 규정한다. 따라서 존재 자체는 존재자보다 우월한 어떤 것이다. 그리고 이런 신에게는 '하나인 분'(unus)이라는 이름이 있기에, 이런 의미에서 일자는 존재자보다 우월하다고 말할 수 있다.

물론, 이때 말하는 일자의 우월성을 그가 앞서 논박한 일자의 형이상학을 다시 받아들인 것으로 이해해서는 안 된다. 그는 존재자보다 우월한 신을 일자라 부르는 것이 '그의 본질'(quid sit)을 일컫기 위함이 아니라 '만물의 총괄자로서의 특징'(quomodo sit omnia quae est)을 일컫기 위한 명칭임을 분명히 하기 때문이다. 신을 일자라 칭하는 것이 결국 신을 구체적 존재자로 격하하는 것이 아니냐라는 치타디니의 논박에 대해, 피코는 "신을 하나라고 말하지만 존재자라고 말하지는 않을 때, 우리는 신이 무엇인지를 나타내려는 것이 아니라 그가 어떻게 존재하는 〔모든〕 것인지를 나타내려는 것"이라는 말이 바로 그런 논박에 대한 대답으로 마련된 구절임을 분명히 밝힌다.[91] 즉 원천적이고 가장 단순한

---

89 같은 곳.

90 같은 곳.

91 Giovanni Pico Della Mirandola, *Responsio Primarum Objectionum*, in *DEU*, pp. 290~92. "다른 문제들로 넘어가 보지요. 당신이 특히나 동의할 수 없었던 것은 바로 하나가 존재자보다 더 우월하다고 말할 수 있게 해 주는 어떤 논증 방식이 있다는 제 주장입니다. 우리는 '하나인 분'이라는 명칭을 신에게 부여할 수는 있지만, '존재자'라는 명칭은 신에게 부여할 수 없었습니다. 라틴어로 표현하자면, 존재자란 '구체적인

방식으로 만물인 신의 존재 양태를 가장 잘 드러내는 모형과 명칭이 단일성이기 때문에 신을 하나로 표현한다는 것이다. 그것은 신의 본질을 가리키는 정의가 아니라 신의 양태를 가장 잘 표현하는 비유라는 것이다.

실제로 피코는 신을 "존재 자체, 진리 자체, 단일성 자체, 좋음 자체"[92]라고 칭한다. 신 속에서 존재와 하나는 일치를 이루는 것이다. 즉 존재자보다 우월한 하나는 궁극적으로 존재 자체이다. 따라서 우리는 '존재자와 일자', 그리고 '존재와 하나'라는 두 개의 일치를 주장할 수 있

이름'의 모습을 하고 있고 다른 것에 의해 존재에 참여하는 것을 가리키지만, 존재 그 자체인 신을 그렇게 서술할 수는 없는 노릇입니다. 당신은 바로 동일한 이유로 신이 하나라고도 불릴 수 없을 것이라고 주장합니다. 하나인 분 또한 존재자와 매한가지로 구체적인 이름이라는 것입니다. 글을 쓸 때, 저 또한 이 문제를 알아챘고 해결했습니다. 존재자란 자기 자신에 의해서가 아니라 다른 것에 참여함으로써 존재하는 것을 가리키므로, 신에 대해 술어가 될 수 없음을 제가 증명하고 바로 '그에게, 즉 신에게는 하나라는 이름이 있기 때문에 하나는 존재자보다 우월함을 우리는 인정한다'라고 덧붙이고는, 이런 주장 이후 곧바로 당신이 제기하는 그런 식의 반론에 대비해 이렇게 추가했습니다. '하지만 이렇게 신을 하나라고 부르는 것은 신이 무엇인지(=신의 본질)를 서술하는 것이 아니라 오히려 그가 어떻게 존재하는 모든 것이고, 또 어떻게 다른 것들이 신 그 자신에 의해 존재하는지 서술하려는 것일 뿐이다. 디오니시우스가 말하기를, 신은 *하나라고 불린다. 왜냐하면 단일하게 그가 만물이기 때문이다.*' 그리고 '신은 하나라고 불린다. 왜냐하면 모든 수의 원리가 단위(unitas)인 것처럼 신은 존재하는 모든 것의 원리이기 때문이다'. 이는 제가 해당 대목에서 쓴 어구 그대로입니다. 그러므로 우리가 신을 하나인 분이라고 부름으로써 신이 무엇인지를 서술하려는 것이라면, 당신의 의견을 따라 신을 존재자라고 말할 수 없는 것과 동일한 까닭으로 신은 하나인 분이라고도 말할 수 없음을 인정할 것입니다. 존재자와 하나는 모두 구체적인 이름이기 때문입니다. 더욱이 이는 당신보다 먼저 제가 바로 그 책에서 다음과 같은 말로 명백하게 주장했던 바입니다. "'존재자', '참된 것'. '하나', '좋은 것'이라는 이름은 구체적인 어떤 것, 이를테면 참여하는 것을 의미한다. 그래서 우리는 도리어 '신이 존재자보다, 참된 것보다, 하나보다, 좋은 것보다 우월하다'라고 발언한다. 왜냐하면 신은 존재 자체, 진리 자체, 단일성 자체, 좋음 자체이기 때문이다.' 이것이 바로 제 말입니다."

92 Giovanni Pico Della Mirandola, *DEU*, Cap. 5.

다. 그리고 신은 존재, 하나, 좋음, 참이라는 그 모든 완전성을 단적으로 총괄하면서 그 모두를 넘어 있는 구름 너머에 계신 하나인 분이다. 그런 한에서 그는 이데아들의 이데아라 할 수 있겠다.

이렇게 피코는 구체적 존재자와 추상적 존재를 구별하면서 형상 이론과 참여 이론을 통해 플라톤의 형상 이론을 도입한다. 그리고 이러한 구도 아래에서 존재자와 일자의 일치는 결국 존재와 하나에 종속될 수밖에 없다. 왜냐하면 앞서 논의한 구체적 존재자들의 근거는 그 존재자들의 형상 모두를 포괄하는 하나 속에서만 찾을 수 있기 때문이다. 이런 점에서 피코는 자신의 앞선 논의를 결국 플라톤의 형상 이론 아래에 편입한다. 따라서 그는 종국적으로 플라톤주의자이다.

아리스토텔레스의 변형

이상의 플라톤적 존재 이해에 아리스토텔레스의 존재자를 어떻게 일치시킬 수 있는가? 앞서 다룬 가장 보편적 의미에서의 존재자는 구체적 존재자, 즉 '이것'(tode ti)으로서의 아리스토텔레스적 제일실체이다. 따라서 피코는 또 다른 방식의 존재 이해가 아리스토텔레스에게 있었다고 주장해야만 한다. 그런데 놀랍게도 피코의 문헌에서는 앞서 플라톤에 대한 분석에서 보여 주었던 것과 같은 치밀함과 칠지함을 찾아볼 수 없다. 그는 『존재자와 일자』에서 아리스토텔레스의 견해를 아주 짤막하고 불친절하게 제시할 뿐이다. 『형이상학』 제12권에서의 호메로스 인용을 제외하면, 그에 앞서 나오는 『형이상학』 제6권의 존재자 자체(ens per se)와 우유적 존재자(ens per accidens)의 구분이 전부일 뿐이다.

피코는 『형이상학』 제6권의 존재자 자체와 우유적 존재자의 구별을 신의 초월성을 입증하는 구절로 해석한다.

> 아리스토텔레스는 『형이상학』 제6권에서 존재자가 '존재자 자체'와 '우유적 존재자'로 나뉠 수 있으며, 다시 존재자 자체는 10개의 범주로 나뉜다고 말한다. 그런데 훌륭한 해석자들이 보기에 이런 존재자〔의 분류에〕 신이 포함될 수 없다는 것에는 의심의 여지가 없다. 신은 우유적 존재자도 아니고 존재자 자체를 분류한 10개의 범주에도 포함되지 않기 때문이다.[93]

이에 따르면, 존재자 자체의 분할 방식에 신은 포함되지 않는다. 신은 분명 우연적 존재자가 될 수는 없다. 또한 인용문에 의하면 존재자 자체는 10개의 범주에 따른 존재를 지칭하는데, 피코는 신이 그러한 범주에 포섭되지 않는다고 여긴다. 따라서 신은 그 모든 존재의 분할 범주를 넘어설 수밖에 없다. 즉 아리스토텔레스의 존재자 분류에 따르면, 존재자를 넘어서는 무엇인가가 있다는 것이 그의 주장이다. 아마도 여기에서 피코가 『형이상학』 제6권으로 인용하는 대목은 1026a33 이하일 것이다. 해당 대목에서 아리스토텔레스는 "존재가 여러 가지 방식으로 진술된다"라고 이야기를 꺼내면서 존재(to on)를 '우연적인 존재'(to kata symbebēkos), '참으로서의 존재'(to hōs alēthes), '범주의 형태들'(ta skēmata tēs katēgorias), 마지막으로 '가능적 존재'(to dynamei)와 '현실적 존재'(to energeiai)로 구별한다. 아울러 아리스토텔레스는 제6권에서 우연적 존재는 필연성이 결여되어 있기 때문에, 참된 존재와 거짓된 존재는 주어진 존재가 아닌 사유에서의(en dianoias) 결합과 분리가 원인이므로 학문의 대상이 될 수 없다고 주장한다. 이어지는 제7권의 논의에서는 범주 가운데 실체를 다루는 학문으로 형이상학을 규정하면서

93 같은 책, Cap. 4.

그 유명한 실체의 형이상학을 발전시킨다. 그런데 피코의 해석과 달리, 이 대목에서 아리스토텔레스는 신이 존재의 범주를 초월한다는 이야기를 전혀 꺼내지 않는다. 피코는 대체 『형이상학』 제6권 어디에서 이 존재의 분류에 신이 포함되지 않는다는 아리스토텔레스 사상을 파악했던 것일까?

그에 대한 대답을 『형이상학』 제6권에서 찾으려 시도한다면, 아마도 『형이상학』 제6권의 핵심 주제가 신학의 학문적 위상이라는 점에서 그 연결 고리를 탐색해 볼 수 있을 것이다. 여기에서 아리스토텔레스는 신학, 자연학, 수학이라는 세 이론철학에 대해 논한다. 그는 영원하고 독립적이면서 부동(不動)인 신에 대한 학문이 자연학이나 수학과 같이 '존재의 어떤 유에 대한'(peri genos ti tou ontos)[94] 학문보다 우월하다고 주장한다. 신학은 모든 존재에 선행하는 첫 번째 원인을 다루는 학문이다. 따라서 그것은 '제일철학'이다. 그리고 그것은 제일철학이기 때문에, 즉 존재 전체의 공통된 첫째 원리를 다루기 때문에 또한 동시에 '보편적'(katholou) 철학이다. 즉 신학은 특수 형이상학인 동시에 일반 형이상학의 지위도 동시에 점하게 되며, 존재 일반에 대한 학(學)이라는 형이상학은 궁극적으로 신학의 문제가 된다. 이러한 제6권의 논의를 종합해 피코는 존재 각각의 유(類)를 초월한 존재 일반에 원인으로서 관계한다는 의미에서, 신이 존재자의 구별을 넘어선다고 주장했으리라 추정했을 것이다.[95]

---

94 아리스토텔레스, 『형이상학』 1025b19.

95 실제로 피코는 치타디니에게 "아리스토텔레스가 신을 존재자들 사이에 놓지 않고 존재자의 원인들 사이에 놓았다고 주장한 여러 사람이 소요학파 출신입니다"라고 말하면서 신이 존재자의 원인이기 때문에 존재자들의 구별을 넘어선다는 견해를 밝힌다. Giovanni Pico Della Mirandola, *Responsio Primarum Objectionum*, in *DEU*, pp. 294~96.

그러나 아리스토텔레스는 피코의 이러한 주장과 분명히 상충되는 말을 한다. 신학이 제일철학이자 보편철학으로 자리매김하는 순간, 아리스토텔레스는 신이 결국 '실체'(ousia)임을, 즉 범주의 하나에 속함을 다음과 같이 분명하게 밝히기 때문이다.

> 만약 자연적으로 이루어지는 실체(ousia) 이외에 다른 어떤 실체도 있지 않다면, 자연학이 첫째 학문이 될 것이다. 반면에 어떤 부동의 실체(tis ousia akinētos)가 있다면, 이것이 선행하는 실체이고 〔이를 다루는 학문이〕 제일철학이며, 첫 번째이기 때문에 또한 보편적이다.[96]

이처럼 아리스토텔레스는 신을 명확히 부동의 실체로 정의한다. 아리스토텔레스에게서 신은 으뜸가는 실체이다. 따라서 신이 존재자 자체, 즉 10개의 범주를 초월한다고 아리스토텔레스가 주장했다는 피코의 해석은 아리스토텔레스 자신의 말과 상충하게 된다. 즉 『형이상학』 제6권에는 존재의 구별에 신이 포함되지 않는다는 그 어떤 직접적인 발언도 없거니와, 최대한 적극적으로 해석하더라도 피코의 주장에 대한 근거로 사용할 만한 어떤 최소한의 단서도 발견되지 않는다. 게다가 이것은 당대의 사상에 무지한 우리의 편견에서 비롯한 비판이 아니다. 피코의 글을 읽은 당대 학자인 치타디니는 바로 다음과 같이 그를 논박하기 때문이다.

> 존재자를 실체와 우유성으로 분할하는 방식에는 신 또한 포함됩니다. 그것은 긍정(affirmatio)과 부정(negatio)을 통해 이루어지는 분할이기

96 아리스토텔레스, 『형이상학』 1026a30-31.

때문입니다. 실체는 그 무엇에도 의존하지 않고 그 자체로 존재하는 것인 반면, 우유성은 기체(subjectum)와 같은 다른 것 속에 존재하는 것인데, 이것들 사이에는 어떤 중간항(medium)도 없으니까요. 복자 토마스의 견해처럼 '실체를 가짐'(habere substantiam)과 '갖지 않음' 사이에는 어떤 중간(medietas)도 생각할 수 없기 때문입니다. 따라서 실체는 우유성에 대립(opposita)하는 것이지만, 신이 어떤 범주(genus)에도 포함되지 않는다면 실체는 범주가 아닐 것입니다.[97]

치타디니 반론의 핵심은 "실체와 우유성은 '모순적 대립'(opposita contradictoria)이다"로 요약할 수 있다. '그 자체'(a se)와 '부수적'(ab alio) 사이에는 중간항이 없기 때문이다. 즉 그것은 긍정과 부정 사이의 모순적 대립의 관계에 있다. 그런데 신이 타자에게 자신의 존재를 빚지고 있다는 것은 말이 안 되기에 신은 그 자체로서의 존재, 즉 실체라는 것이 치타디니의 반론이다. 이상의 반론에 대해 피코는 아리스토텔레스가 아닌 토마스의 권위만을 전거로 제시할 뿐이다.[98] 피코의 반론에 따르면, 위대한 토마스 역시 신이 우유성이 결코 될 수 없음을 분명히

97 Antonio Citadini, *Primae Objectiones*, in *DEU*, p. 278.

98 Giovanni Pico Della Mirandola, *Responsio Primarum Objectionum*, in *DEU*, p. 294. "아리스토텔레스주의자들이 늘상 존재자를 실체(substantia)와 우유성(accidens)으로 분할했다는 것을 누가 모르겠습니까? 그런데 존재자가 그렇게 분할될 경우에 신은 존재자가 아니라 존재자보다 우월하다는 것은 당신이 존경해 마지않는 토마스의 견해입니다. 토마스에 대해 당신께서는 '토마스를 없애라. 아리스토텔레스가 조용해질 것이다'라고 말씀하시곤 했으니까요. 토마스의 말은 확실히 이렇습니다. '신은 우유성도 아니고 고유한 의미에서 실체라고 말할 수도 없다. 왜냐하면 실체는 때로는 기체이기 때문에(substat) 실체라 불리고, 또 때로는 자기의 존재(esse)와는 상이한 무엇임(*quidditas*)을 가리키기에 실체라 불리기 때문이다. 그러므로 존재자를 실체와 우유성으로 분할하는 방식은 피조물의 분할이다.' 바로 이게 토마스의 말입니다."

밝혔다. 실체는 기체(substrandum)라는 의미, 그리고 존재(esse)와 구별되는 본질(quidditas)이라는 의미로 진술되는데, 토마스는 신이 그 둘 모두가 아니기에 "결코 고유한 방식에서(proprie) 실체라 불릴 수 없다"[99] 라고 주장한다는 것이다. 여기에서 토마스는 실체를 속성에 대한 기체나 본질로 규정한다. 그런데 신은 어떤 속성에 대한 기체로 존재하지도 않고, 그에게서 존재와 본질은 구별되지도 않는다. 그러므로 존재자 자체와 우유적 존재자의 분할은 오로지 창조된 존재자(ens creatum)들의 분할 방식에 불과하다는 것이 토마스의 견해라는 것이다. 그러나 치타디니가 보기에 이것은 토마스의 일부 구절을 과잉 해석한 것에 불과하다. '창조된 존재자'라는 말은 이미 그 자체로 신이 '창조되지 않은 **존재자**(**ens** increatum)'임을, 즉 신이 결국 존재자에 속함을 가정하는 말이다. 게다가 피코와 마찬가지로 토마스 역시 "실체가 여러 가지 방식으로 진술된다"(substantia modis multis dicitur)[100]라고 여겼다. 비록 많은 대목에서 토마스는 특정한 의미에서 신이 실체라 불릴 수 없음을 주장하지만, 자체로 존재하면서 실체성을 잃지 않는다는 의미에서 신은 실체라는 것 또한 토마스의 견해라는 것이다. 궁극적으로 치타디니는 "토마스의 권위만으로는 아리스토텔레스나 아리스토텔레스주의자들이 신이 '그 자체로' 범주에 놓이지 않는다고 생각했음을 증명하기에 충분치 않다"[101]라고 비판한다. 권위만이 문제라면 토마스에 못지않은 이들, 예컨대 보에티우스나 아우구스티누스 같은 이들을 얼마든지 제시할 수 있다면서 치타디니는 피코를 힐책한다. 결국 치타디니는 피코가

99 Thomas Aquinas, *Scriptum super Sententiis*, ed. P. Mandonnet, vol. 1, Paris: Sumptibus P. Lethielleux, 1929, lib.1, d. 8, q. 4, a. 2, ad 1.

100 Antonio Citadini, *Secundae Objectiones*, in *DEU*, p. 310.

101 같은 책, p. 312.

토마스의 권위에만 의존한 채 아리스토텔레스에 대한 치밀한 분석을 전혀 하지 않고 있음을 꼬집는다. 치타디니의 반론은 첫째, '실체와 우유성은 모순적 대립에 있다', 둘째, '토마스의 권위에만 의존하는 성급한 결론이다'로 요약할 수 있다. 여기에 대해 피코는 그 어떠한 명쾌한 해답도 제시하지 못하며, 이들의 논쟁은 흐지부지 끝난다.[102] 플라톤을 분석하면서 보였던 문헌적 엄밀성과는 대조적으로 아리스토텔레스를 플라톤과 일치시키는 대목에서 그는 오직 후대 학자인 토마스의 권위에만 의존하고 있을 뿐이다. 플라톤과 아리스토텔레스의 일치화 전략은 바로 이 지점에서 불균형에 처한다. 너무나 분명한 반론이 예상되는 결정적 순간에, 피코는 어떠한 충분한 설명이나 전거도 제시하지 못하면서 반론에 충분히 응답하지도 않은 채 성급히 논의를 끝내 버린다.

만약 '피코가 아리스토텔레스를 정확히 읽었는가?'라고 묻는다면, 이는 쓸데없는 질문일 수 있겠다. 아리스토텔레스의 텍스트는 이미 로도스의 안드로니코스(Andronicos of Rhodes)에 의해 임의로 편집되었고 그에 따라 다양한 목소리를 내고 있다. 아울러 다양한 언어의 여러 번역본으로 새롭게 논의되었으며, 때로는 대립적인 다양한 모습으로 '복수의 아리스토텔레스'가 오랜 기간 존재했다. 이러한 점에서 피코의 아리스토텔레스 또한 여러 아리스토텔레스 가운데 하나의 아리스토텔레스일 것이다. 그러나 그의 아리스토텔레스 독해가 플라톤에 대한 것처럼 엄밀한지를 묻는다면, 우리는 적어도 플라톤의 일치화 작업에 비해 아리스토텔레스의 그것은 대단히 허술했다고 답해야 할 것이다. 그는 아리스토텔레스의 논의 흐름을 분석함으로써 그의 진의를 보여 주기

102 피코와 치타디니 논쟁의 전체 개요에 대해서는 Amos Edelheit, "Antonio Cittadini di Faenza against *De ente et uno*", *A Philosopher at the Crossroads*, Leiden: Brill, 2022, pp. 476~514 참조.

는커녕, 자기가 주장하는 아리스토텔레스 문헌의 구체적 대목조차 한 차례도 제시하지 못했다. 따라서 그의 작업은 아리스토텔레스의 성급한 변형이다.

피코의 변호(In defensionem Pici)

그렇다면 피코는 무엇을 위해 아리스토텔레스를 변형했는가? 이것은 논의의 서두에서 우리가 던졌던 또 다른 질문이다. 피코는 자신의 짧은 문헌에서 이에 대해 어떠한 언급도 하지 않기에, 우리는 다만 그 이유를 추정해 볼 수 있을 뿐이다. 이제 그 이유를 추정해 봄으로써 피코를 변호해 보자. 먼저 이에 대한 단서를 우리는『형이상학』제6권에 이어 그가 제시하는『형이상학』의 다른 대목에서 찾을 수 있다. 앞서 존재자에 대한 신의 초월성을 논의한『존재자와 일자』제4장 이후의 논의를 보자. 여기에서 피코는 아리스토텔레스『형이상학』제12권의 한 구절을 짧게 인용한다.

> 왜냐하면『형이상학』제12권에서 그는 일체의 존재자와 분리된 정신에 대해 다룬 이후에, 만사를 제쳐놓고 오직 신의 속성을 탐구하는 데 집중하려는 듯 물음을 던지기 때문이다. 그는 군대〔전체〕에 있듯이 존재자 전체에 있는 좋음 이외에, 그 군대를 이끄는 지휘관에게 있는 좋음과 같이 어떤 분리된 좋은 것이 있는지를 묻고는 그 좋은 것이 신이라고 규정하기 때문이다. 이어서 그는 동일한 장(章)에서〔신의〕단일성을 입증하고 훌륭한 논변을 제시한 이후, 이에 대한 증거로 다음과 같은 호메로스의 유명한 말을 인용한다. "지도자는 오직 하나만 있으라, 오직 하나의 왕"(εἷς κοίρανος ἔστω, εἷς βασιλευς).[103]

여기에서 피코가 인용하는 아리스토텔레스의 구절은 『형이상학』 제12권 제10장의 마지막 문장이다. 아리스토텔레스는 『형이상학』 제12권 전체에서 신에 대한 논의를 수행한 이후, 그 모든 논의를 호메로스의 경구를 이용해 끝맺는다. 마지막 제10장에서 아리스토텔레스가 묻는 것은 신과 세계의 관계이다. 여기서 아리스토텔레스는 먼저 세계 전체가 자신과 분리된 초월적 좋음을 원인으로 갖는지, 아니면 세계 전체의 내재적 질서가 세계 전체의 훌륭함의 원인인지를 묻는다. 이에 대해 그는 두 선택지 모두가 정답이 될 수 있음을 밝히면서도 결국 초월적 좋음이 궁극적 의미에서 세계의 원인이라고 주장한다. 훌륭한 군대의 질서는 결국 훌륭한 장군에게 비롯하는 것이지, 그 역이 될 수는 없기 때문이다. 이후 아리스토텔레스는 어류와 조류, 식물 같은 상이한 범주의 존재가 조화를 이루는 까닭을 존재자 모두가 '하나'와 관계를 맺고 있기 때문이라고 주장한다. "왜냐하면 만물은 하나와의 관계 속에서 함께 질서를 이루기 때문이다."[104] 이후 아리스토텔레스는 수학적 하나가 역설적으로 세계의 원인을 여럿으로 만든다고 비판하면서 호메로스의 말로 전체 논의를 끝낸다. "하나의 지배자만 있게 하라."[105]

피코는 이 단락을 자세히 설명한 『형이상학』 제6권에 대한 논의에 이어서 제시한다. 앞선 논의가 존재자를 초월하는 어떤 것이 있으니 그것이 바로 신이라는 주장이었다면, 지금 이 단락은 아리스토텔레스 역시 신을 만물의 원인이자 단일성으로 파악했음을 논한다. 아리스토텔레스가 말하는 하나를 피코는 당연하게 신으로 받아들인다. 아리스토텔레스의 논의 전체가 신에 대한 것이기도 하거니와, 피코 자신이 이것

103 Giovanni Pico Della Mirandola, *DEU*, Cap. 4.

104 아리스토텔레스, 『형이상학』 1075a19; "πρὸς μὲν γὰρ ἓν ἅπαντα συντέτακται, ……."

105 같은 책, 1076a4: "여럿의 지배는 좋지 않다. 하나의 지배자만 있게 하라."

이 '신의 단일성'에 대한 논의라고 명시하기 때문이다. 그리고 피코가 짧게 인용한 구절의 전체 맥락을 보면, 아리스토텔레스가 『형이상학』 제12권 제10장 전체를 존재자에 대해 하나인 신의 초월성을 적극적으로 서술한 전거로 선택했음은 분명해 보인다. 아리스토텔레스는 신을 '하나인 분'으로 분명히 인식했다. 신은 존재자들이 나누어 갖는 그 모든 개별적 존재와 좋음 전체에 대한 단 하나의 원인이다. 더 나아가 그 하나인 분이 장군과 같이 적극적으로 세계를 인도하는 원인이다. 즉 피코의 눈에 비친 아리스토텔레스의 신론(神論)은 존재의 궁극 원인을 하나인 신에게서 찾는 기독교 신앙에 다름 아니다. 이로써 피코는 존재자 일반에 대한 학으로서의 보편철학이 궁극적으로 존재신학(Ontothology)임을 보여 준다. 존재자의 본질 내지 존재자의 참된 규정은 그것의 근거인 존재 자체, 좋음 자체, 진리 자체이자 그 모든 완전성의 총괄자인 하나임 속에서만 규명되기 때문이다.

그러나 어떻게 아리스토텔레스의 신이 기독교의 신이 될 수 있다는 말인가? 앞서 자세히 설명했듯이, 비교 전통의 흐름 속에서 아리스토텔레스에 부정적 입장을 취했던 자들은 신과의 관계에서 아리스토텔레스가 보이는 이교도적 특성을 비판 지점으로 삼았다. 특히나 이들은 『형이상학』 제12권의 신이 세계에 무책임한 한갓 목적인에 불과함을 지적한다.

> 그런데 누군가는 아리스토텔레스가 신을 마지막(telos)이자 목적인(telikon aition)으로 세웠다고 말할 수도 있을 것이다. 그러나 만약 아리스토텔레스가 신을 개물(個物)의 존재(einai)와 실체(ousia)의 목적(telos)이 아니라 오직 운동의 원인으로 세운 것이라면, 이것은 전혀 존경을 표하는 것으로도, 신에게 알맞은 것으로도 여길 수 없을 것이다.[106]

플레톤은 아리스토텔레스의 신이 한갓 목적인임을, 그것도 존재나 본질에 대한 목적인이 아닌 단지 운동과 변화에 대한 목적인에 불과함을 비판한다. 이는 아리스토텔레스가 『형이상학』 제12권 1072b1-3에서 신이 운동에 대한 '지향 목적'(to hou heneka)이라고 밝히기 때문이다. 그것은 작용인이 아니기에 세계의 창조주도 아니고 존재의 내적 법칙도 아니며, 단지 주어진 것들이 향하는 욕구의 대상일 뿐이라는 것이다. 게다가 플레톤이 보기에 아리스토텔레스는 세계 전체의 원동자를 여럿으로 설정했다. "아리스토텔레스는 천구들과 그것들의 운동을 분리된 정신들과 실체들에 배분하면서 하나의 천체와 운동을 이 신에게 할당하는데, 〔이로써〕 그 신 이외의 정신들과 그 신을 필적하게 만든다."[107] 항성 천구의 움직임이 신에 의한 것이지만 여타의 천구 운동이 다른 정신들에 의한 것이라면, 그는 전체 우주에 대한 복수의 원인을 설정한 것이 된다. 궁극적으로 이는 단지 위계상으로만 차이가 나는 복수의 신을 인정하는 꼴이 된다.

당시 비교 전통의 진영 가운데 플라톤을 옹호한 이들이 아리스토텔레스의 신에 대해 가했던 이상의 비판을 고려하자. 그리고 피코의 『존재자와 일자』가 대작인 『플라톤과 아리스토텔레스의 일치』의 일부였다는 점을 고려하자. 여기에 더해 피코가 자신의 의도로 플라톤이 아닌 '아리스토텔레스의 변호'를 제시했다는 점을 고려하자.[108] 즉 그에게 가장 중요했던 것은 아리스토텔레스를 당대 피렌체에서 중시되던

106 Plethon, *De differentiis*, p. 321.

107 같은 책, p. 322.

108 Giovanni Pico Della Mirandola, *DEU*, Prohemium: "이 사안에서 **아리스토텔레스를 어떻게 변론할 수 있고** 동시에 스승인 플라톤과 일치시킬 수 있을지에 대해 당신께서는 묻곤 했지요."

플라톤과 일치시키는 것이었음을 고려하자. 그러면 피코가 『형이상학』 제12권에 나온 신의 단일성에 주목해 그것이 모든 '존재'의 통일적 원인이자 근거라고 주장하는 것은 아리스토텔레스 신학을 배척하는 기존의 비교 이론에 대한 반론으로 읽히게 된다. 『형이상학』의 다른 부분이 아닌, 아리스토텔레스가 신의 단일성과 세계 전체와의 관계를 묻는 부분을 피코는 강조한다. 이로써 그는 신이 구체적 사물들의 존재와 본질에 대한 원인이 아니라고 비판한 플레톤의 주장을 배격하는 셈이 된다. 피코가 제시한 대목에서 아리스토텔레스는 존재자 일반의 하나의 근거로서의 신의 필연성을 드러내기 때문이다. 이렇게 논쟁이 되던 대목을 생략하고 다른 대목에 주목함으로써 플라톤의 비판가들이 그리던 것과는 다른 아리스토텔레스의 모습을 보여 주는 것이 가능해진다. 즉 『형이상학』 제12권 제10장의 인용은 아리스토텔레스의 신이 기독교의 신임을 보여 주기 위한 피코 자신의 전략적 선택으로 볼 수 있다.

그렇다면 이처럼 기독교적으로 해석된 아리스토텔레스의 신은 어떻게 운동의 목적인이 아니라 존재자 일반의 원인이 되는가? 피코의 하나는 모든 완전성을 포괄하는 전체로서의 총괄체이다. 플라톤이라면 '좋음의 이데아'(idea boni)라 표현했을 그 신을 피코는 아리스토텔레스의 정신(intellectus)으로서의 신과 다르지 않은 것으로 파악한다.[109] 신의 정신에서 일어나는 인식과 인식 대상의 일치는 자기 바깥에 있는 다른 것으로 향하는 것이 아닌 철저한 자기 동일성 속에서의 자기 관계이

109 Giovanni Pico Della Mirandola, *DEU*, Cap. 5; "플라톤이 『국가』 제6권에서 좋음의 이데아로 부르는 신을 지성(intellectus)과 가지적인 것들(intelligibilia)보다 상위에 위치시키고, 신이 지성에는 인식하는 능력을 부여하고 가지적인 것에는 인식될 수 있는 가능성을 부여한다고 보는 반면, 아리스토텔레스는 종종 신을 인식, 인식하는 자, 가지적인 것이라고 부른다는 이유로 플라톤과 아리스토텔레스가 대립하는 것은 아님을 알 것이다."

기 때문이다.[110] 물론, 피코의 이 설명은 신플라톤주의자들에게는 그 자체로 충분하지 않다. 하나는 자기 속에서 일어나는 인식과 대상의 분열조차 넘어선 초월적 하나여야 하기 때문이다. 그리고 이 짧은 글에서 피코의 충분한 논증과 대답을 기대하는 것은 무리이다. 그러나 짐작컨대, 피코라면 앞서 자세히 설명한 대로 신을 하나라 지칭하는 것은 신의 본질을 뜻하는 것이 아니라 그가 어떻게 만물의 총괄자가 되는지를 표현하기 위한 모형이라 대답했을 것이다. 그것은 철저히 모든 완전성을 자기 속에 포함한다는 충족성과 완결성을 의미한다는 것이다. 정신으로서의 신이 바깥으로 나가지 않는 한에서, 신은 그 모든 완전성을 자기 관계 속에서 실현한다. 존재 자체인 신은 '존재'라는 존재자들의 작용인에 대한 모범이다. '참 자체'인 신은 '참'이라는 형상인에 대한 모범이다. '좋음 자체'인 신은 '좋음'이라는 목적인에 대한 모범이다. 이렇게 모든 원인은 신 자신 속에 있는 하나의 완전성이다. 피코는 이것들이 "자기 자신으로 존재하는 한에서의 신과의 관계 속에"[111] 있다고 표현한다. 그리고 피코는 이것이 피조물과의 관계에서 반영된다고 본다. 모든 존재자는 이 완전성에 참여하기 때문이다. 신이 모든 존재자의 원인이라는 것은 "만물은 신 자신으로부터(ab ipso) 존재하고 신 자신을 통해(per ipsum) 존재하며, 신을 향한(ad ipsum) 존재"[112]라는 말

110 같은 곳; "그래서 만약 신이 자신을 인식할 경우에 신은 지성(intellectus)인 동시에 가지적인 것(intelligibilis)이 될 것이니, 자기 자신을 아는 자(se ipsum cognoscit)는 아는 자인 동시에 알려지는 자가 될 수밖에 없다. 그러나 우리가 앞서 말했던 방식대로 이러한 완전성들을 특수한 종류의 것으로 받아들이거나 우리가 말하는 지성이 자신 바깥에 있는 다른 것인 가지적인 것으로 향하는 본성을 의미한다면, 플라톤주의자들과 마찬가지로 아리스토텔레스 역시 신이 지성인 동시에 가지적이라는 것을 대단히 일관되게 부정할 것이다."

111 Giovanni Pico Della Mirandola, *DEU*, Cap. 9.

112 Giovanni Pico Della Mirandola, *DEU*, Cap. 8.

에 다름 아니다. 이처럼 신에게 있는 완전성 자체에 대한 참여, 그리고 그 존재와 완전성에 대한 유비가 여타 존재자들에게서 목적인 이외에 형상인과 작용인으로 실현된다. 이렇게 피코는 자기가 자기를 생각하는 신의 이데아로부터 존재자의 인과성을 설명한다. 신과 피조물 사이에 인과성의 유비가 존재하는 것이다. 그리고 아마도 이런 방식으로 그것이 한갓 운동의 목적인이라는 비판을 피하려 했을 것이다.

이와 같이 피코가 아리스토텔레스와 신앙과의 조화를 추구했다면, 우리는 그가 무슨 의도로 아리스토텔레스에 대한 변형을 가했는지 그 동기 또한 대답할 수 있게 된다. 스콜라리오스나 게오르기오스 같은 아리스토텔레스 지지자들은 아리스토텔레스의 신을 옹호했지만, 플레톤이나 베사리온 같은 이들은 플라톤 지지자로서 아리스토텔레스를 격하했다. 이런 비교 전통에서 플라톤 진영의 무고에 맞선 피코는 아리스토텔레스에게서 참된 신학의 단서들을 발견하려 한다. 그런데 이때 그는 충실한 아리스토텔레스 추종자가 아니라 오히려 플라톤적 이데아 이론을 더 근원적인 것으로 받아들이는 입장에서 이 작업을 수행한다. 그래서 그는 근본적으로 플라톤의 입장을 받아들이면서도 아리스토텔레스의 신이 플라톤의 이론이나 기독교 진리에 마찬가지로 합치된다는 주장을 적극적으로 개진한다. 즉 피코는 『형이상학』의 아리스토텔레스가 플레톤이나 베사리온 같은 비판자와 더불어 옹호자인 자신까지 모두에게 같은 편임을 변호하고 싶어 한다. 이러한 그의 아리스토텔레스 해석은 아리스토텔레스를 배격하지 않고 오히려 적극적으로 옹호하기 위한 선택과 변형이었을 것이다. 그러므로 피코의 작업은 존재 너머의 초월적 단일성을 바라는 한 플라톤주의자가 아리스토텔레스를 변호하려는 통일의 열망으로 읽어야 할 것이다. 따라서 피코가 성급하게 감행한 아리스토텔레스의 변형은 플라톤주의자로서의 변형이자 아리스토텔레스를 위한 피코의 변호로 읽어야 할 것이다.

5) 피코의 형이상학

지금까지의 탐구를 통해 우리는 다음과 같은 결론에 도달한다.

첫째, 『존재자와 일자』는 내용 이전에 전체 구성 자체가 플라톤과 아리스토텔레스의 결합으로 이루어진다. 피코는 존재자에 대한 탐구를 신이 머무는 어두움 너머로 올라가는 상승 과정으로 설명한다. 그리고 그렇게 초월적 진리를 엿본 이후, 탐구를 삶의 문제로 전환할 것을 요구한다. 이렇게 플라톤의 오름길과 내림길의 과정은 논의 전체의 순서와 구도를 이룬다. 한편, 존재자와 일자의 일치와 하나의 존재자에 대한 우위라는 두 가지 주장이 동시에 가능한 것은 존재가 여러 가지 방식으로 진술되기 때문이다. 그러므로 아리스토텔레스의 존재의 여러 진술은 논의 전체가 무너지지 않도록 떠받치는 기둥이 된다.

둘째, 피코는 아리스토텔레스를 따라 존재자를 무(無)의 반대이자 가장 보편적이면서도 구체적인 것으로 규정한다. 그리고 그것은 일자와 동일하다. 그는 이러한 존재자 개념에서 플라톤 역시 일치함을 주장한다. 이를 위해 그가 취한 전략은 『파르메니데스』에 대한 신플라톤주의적 해석에서 벗어나 대화의 흐름을 그 자체로 읽으리는 것이다. 그러면 그것이 일자의 우월성을 이야기하는 것이 아니라 변증술적 연습에 대한 대화임이 분명해진다. 이렇게 피코는 플라톤의 문헌 자체에 대한 치밀한 독해를 통해 플라톤과 아리스토텔레스의 일치를 도모한다.

셋째, 그러나 논의는 다시 하나의 존재자에 대한 우월성으로 이어진다. 그 하나는 모든 완전성의 총괄체인 단순성으로서의 신으로, 또한 그것은 동시에 존재 자체이기도 하다. 피코는 플라톤의 형상 이론과 참여 이론을 통해 이것이 플라톤의 견해였음을 주장한다. 그리고 그의 전체적인 존재 개념에서 하나가 존재자보다 우월하고 존재자와 일자가 존재와 하나 아래에 포섭되는 한에서, 그는 궁극적으로 플라톤주의자이다. 이렇게 해서 이제 피코에게는 아리스토텔레스를 플라톤과 일치시켜야 하는 과제가 생긴다. 그러나 그는 플라톤에게 했던 것처럼 아리스토텔레스에 대한 철저한 문헌 분석으로 나아가지 않는다. 플라톤의 경우에 고대 주석가들의 독해마저 과감히 거부했던 그가 이번에는 더 근접한 시기의 라틴 학자의 권위에 기대어 자신의 의견을 펼친다. 그가 선택하는 방법은 아리스토텔레스의 변형이다.

넷째, 그의 플라톤주의적 아리스토텔레스 변형은 아리스토텔레스를 기독교 신앙과 일치시키기 위한 시도에서 비롯된 것이다. 그는 이전의 학자들처럼 아리스토텔레스의 지지자로서 아리스토텔레스를 옹호하지 않는다. 오히려 그는 플라톤주의자로서 아리스토텔레스 역시 신을 이야기함을 논한다. 그러므로 그의 시도는 아리스토텔레스를 위한 호의적 변호로 읽어야 할 것이다.

그러나 그는 무지의 빛 속에서 근원적 진리에 도달하리라 장담하고서는 정작 자신이 모든 것을 무지 속에 던져 넣고 빛 속으로 빨리 사라져 버렸다. 지금까지 논의한 모든 애매함과 모호함은 바로 천재의 두뇌에 빼곡히 담겨 있던 사상들이 너무도 성급하고 불친절하게 작성되었다는 데서 비롯한다.[113] 그렇지만 비록 많은 것이 누락되어 찾아볼 수

113 Gianfrancesco Pico della Mirandola, *Life of Giovanni Pico della Mirandola* / Giovanni Pico della Mirandola, *Oration*, ed. and tr. Brian P. Copenhaver, Harvard University Press, 2002, p. 34; "그러나 그토록 공들여 많은 밤을 지새운 그의 노동은 죽음이 다가오자 거의 헛수고가 되었다. 피코는 자기 설명의 많은 부분을 깎아 다듬었지만, 그것은 우리가 아니라 오직 자기 자신만을 위해 쓴 미완성으로 남겨졌기 때문이다. 정신이 신속하게 궁리해 내는 것에 맞추어 그의 손은 재빠르게 써 내려갔다. 이전에 그는 글씨를 대단히 아름답게 썼지만, 너무도 빠르게 궁리해 내는 습관 때문에 그가 써

없음에도 불구하고, 우리는 그가 품었을 원대한 철학 체계만은 호의적으로 상상해 볼 수 있다. 그는 형이상학을 가장 보편적인 존재자의 학(學)에서 가장 초월적인 존재의 학으로 고양한다. 그는 가장 보편적 의미의 존재자, 구체적인 것으로서의 개체적 존재자에서 논의를 시작한다. 그러나 철학은 모든 현실화된 개별적 진리를 총괄하는 무제약적 근거에 대한 물음으로 나아간다. 피코는 그 근거를 초월성 너머에 있는 근원적 단일성으로 본다. 이후 그는 그 존재자들이 참여하고 있는 존재와 하나라는 형상으로, 그리고 이로부터 그 모든 완전성을 무한히 넘어선 부정성 속의 신에 대한 탐구로 넘어갈 것을 요구한다. 즉 그의 철학은 존재론에서 출발해 존재와 하나에 대한 초월철학으로, 그리고 여기에서 다시 부정신학으로 이행한다. 그렇기에 그는 아마도 『형이상학』 제7권에서 제12권에 이르기까지 존재자에서 존재-신으로 넘어가는 존재신학자로서 아리스토텔레스를 재형성하려 했을 것이다. 그는 절대적 진리 속에서의 근원적 일치를 언제나 열망했다. 이렇게 일치를 꿈꾸었던 그는 진정한 철학자로서 플라톤주의자인 동시에 자신만의 아리스토텔레스를 그리고 있었을 것이다. 이것이 그가 새롭게 재구성한 그의 고유한 아리스토텔레스였을 것이다.

내려간 것들은 거의 이해할 수 없게 되었다. 그는 글씨를 여기저기 도처에 쓰곤 했고 새로운 내용은 위에 쓰면서 이전의 내용을 지워 버렸기에, 내가 발견한 그의 수고(手稿) 가운데 어떤 대목은 바래고 흩어졌고 어떤 대목은 심지어 두서없이 작성되었으며, 그리하여 결국 전부가 수풀이나 잡탕(farrago)으로 치부될 만큼 뒤죽박죽 섞여 있었다."

옮긴이의 말

르네상스(Renaissance)! 1,000년의 하루가 저물고 다시 고대 이성의 태양이 유럽을 환히 비추기 시작하던 때, 그 빛은 이탈리아의 피렌체(Firenze)에서 시작되었다. 이탈리아반도가 십자군의 예루살렘으로의 출발지였기 때문에 가장 먼저 군사적·상업적·정치적 교류의 중심지로서 발전한 것이 첫 번째 배경이었다. 다음으로 고대 로마의 중심지였던 이탈리아반도 전역에 인간 중심이라는 사상을 한껏 드러내고 있는 유물들이 도처에 산재해 있었기에 자연스레 감상할 수 있는 기회가 마련되었던 것이 두 번째 까닭이다. 그리고 1453년 비잔티움 제국의 멸망이 마지막 이유였다. 비잔티움 제국은 476년 서로마가 멸망한 이래, 1,000여 년 동안 때로는 유럽의 중심지가 되기도 하고 러시아에 그 문화를 전파하기도 했으나, 결국 점차 세력을 키우면서 호시탐탐 넘보고 있던 오스만 제국에 의해 멸망했다. 비잔티움 제국의 수많은 성직자와 사상가는 그대로 머물러 있으면서 이슬람의 지배를 받는 대신에, 지리적으로 가까울뿐더러 사상적 측면에서도 당시 유럽에서 가장 자유로웠던 이탈리아로 대거 이동했다. 그리고 그들의 손에는 훌륭한 예술 작품들과 기독교의 성물들, 그리고 그들이 아끼던 고대의 저작들이 들려 있었다.

그러나 사실상 이슬람의 침입이 예상되던 시기부터 비잔티움 제국의 황제는 로마 교황에게 도움을 청했으며, 멸망 직전이었던 1439년에 이미 두 지역의 지식인들은 피렌체와 페라라(Ferara)에서 열린 공의회에서 만난 바 있었다. 이제 막 신(神) 중심에서 인간 중심으로 넘어간 이탈리아반도의 인문주의자들은 고대의 저작들과 사상에 갈증을 느끼고 있었는데, 때마침 오랫동안 헤어졌다가 다시 만난 형제처럼 비잔티움 제국에서 온 사신들은 양손 가득 선물을 들고 왔다. 그 선물은 고대의 문헌들이었다. 선물은 함께 있는 자리에서 펼쳐졌고 마치 판도라의 상자가 열린 것처럼 분쟁도 시작되었다.

이렇게 해서 15세기는 이탈리아를 중심으로 한 옛 서로마 지역에 많은 추종자를 거느리고 있던 아리스토텔레스(Aristoteles)와 동쪽의 비잔티움 제국에서 단단히 입지를 굳히고 있었던 플라톤(Platon) 사상이 격돌하게 된 시기였다. 양쪽을 지휘하는 대표 장수로는 추기경 베사리온(Bessarion)과 교황 등 당시에도 여전히 세력을 떨치던 성직자 측과 경제적 후원을 맡고 있던 메디치 가문의 사람들이 있었고, 그리고 실제로 사상의 전쟁터에서 검을 들고 싸우는 사상가들이 있었다. 그들이 가진 최고의 지성을 무기로 두 사상이 어떻게 얼마나 먼 거리에서 대립하고 있는지, 그리고 누가 더 우위에 있는지를 치열하게 겨루는 전장에서 마치 사비니 여인들처럼 한가운데에서 싸움을 말리던 이가 있었으니, 그가 바로 조반니 피코 델라 미란돌라(Giovanni Pico della Mirandola)라는 20대 청년이었다.

피코는 가히 진정한 르네상스인이라 불릴 만한 천재였다. 이미 모든 사상을 섭렵했던 그가 보기에 세상의 위대한 진리는 모두 결코 대립할 수 없는 하나였다. 그것이 진리인 한에서 — 둘이든 다수이든 간에 — 그것들에는 서로 합치될 수 있는 공통된 무엇인가가 있다는 것이 피코의 견해였다. 그는 이 문제에 대해 공개적으로 대담을 나누고자 했다. 편지나 책 혹은 누군가와의 대화를 건너 들은 것으로는 충분치 않았다. 그는 모두가 한자리에 모여 제시된 명제들에 대해 속 시원히 대화를 나누다 보면, 진리를 추구하는 이들끼리 분명 같은 결론이 나올 것이라고 믿었다. 그렇게 해서 그는 『900 논제』(*Conclusiones*)를 펴냈는데, 보기 좋게 이단으로 몰려 생명의 위협까지 받게 되었다.

로렌초 데 메디치(Lorenzo de' Medici)의 중재 덕분에 그의 죄는 사면되었고 겨우 석방될 수 있었다. 이후 그는 31세의 나이로 죽을 때까지 세 권의 책을 집필했는데, 그 가운데 한 권의 짧은 책이 바로 『존재자와 일자』(*De ente et uno*)이다. 플라톤과 아리스토텔레스의 사상이 조화롭게 양립 가능하다는 것을 그는 '존재자'(ens)와 '일자'(unum)라는 개념의 쓰임을 통해 밝히고자 했다. 그러나 이 책은 그의 살아생전에 출판되지 못했다. 그가 세상을 떠난 이후에 그의 마지막 원고인 『점성술에 반대하는 논쟁들』(*Disputationes adversus astrologiam*)과 함께 조카에 의해 발간되었다. 비록 그는 자신의 가장 우호적인 학문적 후원자 가운데 한 사람이었던 로렌초 데 메디치의 죽음은 지켜보아야 했으나, 피렌체가 프랑스에 의해 점령되는 것은 알지 못한 채 1494년 영면에 들었다.

이 책은 자신이 가진 에너지를 폭발적으로 쏟아내며 르네상스라는 시대의 중심에서 살다 갔던 피코의 『존재자와 일자』를 번역·소개하면서 고대의 사상, 특히 플라톤과 아리스토텔레스의 저작들과 사상이 어떻게 르네상스 시대의 인문주의자들 사이에 논구되었는지를 밝히는 것을 목표로 하고 있다. 동시에 그의 조카가 남긴 전기를 번역해 실었다. 르네상스라는 변화의 시대에 부유하고 명망 있는 가문에서 태어나 어떤 부족함도 없이 살았던 젊은이가 다른 종류의 즐거움이나 쾌락 대신에, 철학적·문헌학적 진실을 탐구하기 위해 그토록 짧은 생애에 뛰어난 지성을 가지고 한순간도 허투루 살지 않았음에 번역자로서 한없는 경외를 느낀다. 동시에 위대한 역사적 순간에 그의 현재를 영원한 역사로 만들어 가던 주역들과 깊은 인연을 나눌 수 있었던 그의 태생적 조건에는 이루 말할 수 없는 부러움과 질시를 갖게 된다.

2025년 10월 광주에서

옮긴이

조반니 피코 델라 미란돌라 연보

1463년(출생) 1463년 2월 24일. 이탈리아 모데나 근처 미란돌라(Mirandola)의 수도에서 출생. 미란돌라의 영주이자 콘코르디아의 백작인 아버지 잔프란체스코(Gianfrancesco) 1세 피코와 스칸디아노의 백작 펠트리노의 딸인 어머니 율리아 보이아르도(Julia Boiardo) 사이에서 막내로 태어남.

1467년(4세) 아버지를 일찍 여의고 궁정 가정교사의 교육을 받으며 귀족 사회의 문화 속에서 자라남.

1477년(14세) 어머니의 뜻에 따라 볼로냐(Bologna) 대학에 입학해 교회법을 공부함.

1479년(16세) 페라라(Ferrara) 대학에서 고전과 인문학, 특히 수사학과 중세 철학을 공부함. 조반니 바티스타 구아리니(Giovanni Battista Guarini)에게 사사했으며, 이 시기에 지롤라모 사보나롤라(Girolamo Savonarola)와 인연을 맺게 됨.

1480년(17세) 아리스토텔레스주의의 본거지인 파도바(Padova)로 자리를 옮겨 아리스토텔레스주의 학자들과 교류하면서 아랍과 유대 사상에 접근함. 이탈리아 전역에 퍼져 있던 지식인 집단 가운데, 특히 지롤라모 라무시오(Girolamo Ramusio)와 엘리아 델 메디고(Elia del Medigo)와 연결돼

1482년(19세) 스콜라 철학의 중심지이자 논리학과 수학으로 명성이 높은 파비아(Pavia)로 이주해 철학적 식견을 넓히고 그리스어 학습에 매진함.

1484년(21세) 한동안 피렌체(Firenze)에 머물며 안젤로 폴리치아노(Angelo Poliziano), 지롤라모 베니비에니(Girolamo Benivieni), 마르실리오 피치노(Marsilio Ficino) 등 저명한 인문주의자, 작가 및 철학자들과 교류함. 플라톤 철학 부흥의 중심지였던 이 도시에서 플라톤 연구를 시작했으며, 평생의 과업이 된 플라톤과 아리스토텔레스 사상의 일치 및 화해에 관심을 갖게 됨.

1486년(23세) 철학적 활동을 전개한 첫해로, 일명 '파리식 논증'의 형식을 본떠 『900 논제』(*Conclusiones*)를 정리했으며, 명제에 대한 논쟁을 위해 당대의 지식인들을 로마로 초청하려는 계획을 구상함.

1487년(24세) 교황 인노첸티우스 8세(Innocentius VIII)에 의해 토론회 개최가 중단되었고 추기경 위원회가 900개의 논제 중 7개를 이단으로 판정함. 자신의 정당성을 항변하는 『변명』(*Apologia*)을 출간했으나 유포가 금지되었으며, 로마를 떠나 도피하던 중 그르노블(Grenoble)과 리옹(Lyon) 중간에서 체포되어 파리로 압송됨. 이후 파리 근교의 빈센느 왕궁(Palais de Vincennes)에 구금 상태로 머물게 됨.

1488년(25세) 피코를 구제하기 위해 가족과 친구들이 힘썼으며, 특히 로렌초 데 메디치(Lorenzo de' Medici)의 중재로 석방된 이후 피렌체에 정착함. 로렌초가 마련해 준 피에졸레(Fiesole)의 별장에서 주요 저작들을 집필함. 피렌체로 돌아온 직후 성서 주석 작업에 관심을 쏟았으며, 같은 시기에 『시편 해설』(*Expositiones in Psalmos*)을 집필함.

1489년(26세) 성서 작업의 대표적 결과물이자 신플라톤주의와 유대신비주의(카발라)의 결합을 시도한 『일곱형상론』(*Heptaplus*)을 출간함.

1490년(27세) '플라톤과 아리스토텔레스의 조화'라는 피코 자신의 기획을 구현한 『존재자와 일자』(*De ente et uno*) 출간함.

1494년(31세) 페라라에서 급작스러운 병으로 세상을 떠남. 유해는 피렌체 인문주의자들의 교회인 산마르코(San Marco)에 안장됨.

참고문헌

강동수, 김재철, 「초기 르네상스 철학의 상상력 이론」, 『철학연구』 87, 대한철학회, 2003, 1~28쪽.

강영안, 「자유개념의 변형구조: 그리스에서 르네상스까지」, 『철학연구』 44, 대한철학회, 1988, 19~35쪽.

김상봉, 「플라톤의 『파르메니데스』편에서의 「하나의 부정성: "왜 아무것도 없지 않고 무엇인가 있는가?"라는 물음에 대하여」」, 『연세철학』 5, 연세대학교 대학원, 1992.

김수진, 「플라톤의 『파르메니데스』편에서 '오직 하나인 하나'와 '여럿인 하나': 2부의 첫 번째 가설과 두 번째 가설에 대한 탐구를 중심으로」, 『서양고전학연구』 58, 서양고전학회, 2019.

김은주, 「피렌체의 플라톤과 아리스토텔레스」, 『철학연구』 167, 대한철학회, 2023.

비이어발테스, 베르너, 조규홍 옮김, 『플라톤주의와 독일 관념론』, 누멘, 2010.

아리스토텔레스, 김진성 옮김, 『형이상학』, 서광사, 2022.

______, 조대호 옮김, 『형이상학』, 도서출판 길, 2017.

안승훈, 「플라톤과 아리스토텔레스의 조화: 『존재자와 일자』에서 피코의 방법에 대한 분석」, 『대동철학』 105, 대동철학회, 2023.

토마스 아퀴나스, 정의채 옮김, 『신학대전』, 바오로딸, 2013.

플라톤, 박종현 옮김, 『국가·政體』, 서광사, 1997.

______, 박종현 옮김, 『소피스테스』, 서광사, 2021.

______, 박종현 옮김, 『필레보스』, 서광사, 2004.

______, 천병희 옮김, 『파르메니데스』, 도서출판 숲, 2016.

피코 델라 미란돌라, 성염 역주, 『인간 존엄성에 관한 연설』, 철학과현실사, 1996.

Aersten, Jan, *Medieval Philosophy as Transcendental Philosophy*, Leiden/Boston: Brill, 2010.

Aristotle, *Metaphysics,* vol. 1, Oxford: Clarendon Press, 1953.

Barker, John W., *Manuel II Palaeologus (1391-1425): A Study in Late Byzantine Statesmanship*, New Jersey: New Brunswick, 1969.

Bessarion, *Liber Defensionum contra Obidectiones in Platonem: Cardinal Bessarion's Own Latin Translation of His Greek Defense of Plato against George of Trebizond*, ed. John Monfasani, Berlin/Boston: De Gruyter, 2023.

Blum, Paul R., "Der Standardkursus der katholischen Schulphilosophie im 17. Jahrhundert", *Aristotelismus und Renaissance-In memoriam Charles B. Schmitt*, E. Keßler, Ch. H. Lohr & W. Sparn, 1988, pp. 127~48.

Bond, H. Lawrence, "Nicholas of Cusa from Constantinople to 'Learned ignorance'", in *Nicholas of Cusa on Christ and the Church*, London; Routledge, 1996, pp. 135~63.

Boyle, Marjorie O., "Cusanus at Sea: The Topicality of Illuminative Discourse", *Journal of Religion*, vol. 71, The University of Chicago Press, 1991, pp. 180~201.

Brown, Alison, *The Renaissance*, London: Longman, 1988.

______, "Platonism in fifteenth century Florence and its contribution to early modern political thought", *Journal of Modern History*, vol. 58, The University of Chicago Press, 1986. pp. 383~413.

Bruni, Leonardo, *Rerum suo Tempore Gestarum Commentarius, Rerum Italicarum Scriptores*, New Series, Bologna: Città di Castello, 1914-26.

Cassirer, Ernst, "Giovanni Pico della Mirandola: A Study in the History of Renaissance Ideas", *Journal of the History of Ideas,* vol. 3, University of Pennsylvania Press, 1942, pp. 123~44.

Celenza, Christopher S., "'We barely have time to breathe.' Poliziano, Pico, Ficino, and the Beginning of the End of the Florentine Renaissance", *The Intellectual World of the Italian Renaissance*, Cambridge University Press, 2018, pp. 313~37.

Cusanus, Nicholaus, *Philsosophisch-theologische Werke*, vol. IV, ed. Karl Bormann, Hamburg: Felix Meiner, 2002.

Del Soldato, Eva, *Early Modern Aristotle: On the Making and Unmaking of Authority*, Philadephia: University of Pennsylvania Press, 2020.

Dougherty, Michael Vincent, *Pico della Mirandla*, Cambridge: Cambridge University Press, 2008.

Edelheit, Amos, *A Philosopher at the Crossroads,* Leiden: Brill, 2022.

Ficino, Marsilio, *Marsilii Ficini, Philosophia Platonici, Medici atque Theologi Omnium praestantissimi*, vol. 2, Basel, 1576.

Gass, Wilhelm, *Gennadius und Pletho, Aristotelismus und Platonismus in der griechschen Kirche, nebst einer Abhandlung über die Bestreitung des Islam im Mittelalter*, Breslau: A. Gosohorsky, 1844.

Georgius Trapezontius, *Comparatio philosophorum Aristotelis et Platonis*, 1523.

Gerson, Lloyd P., *Aristotle and Other Platonists*, Ithaca/NY: Cornell University Press, 2006.

Gianfrancesco Pico della Mirandola, *Opera Omnia Ioannis Pici Mirandulae Concordiaeque comitis theologorum et philosophorum sine controversia principis...item Ioannis Francisci Pici...Opera quae extant omnia,* Basilae ex officina Henricpetrina 1557, rist. anastat. Hildesheim, Georg Olms Verlag, 2005.

Gianfrancesco and Giovanni Pico della Mirandola, *Life of Giovanni Pico della Mirandola,* Giovanni Pico della Mirandola, *Oration*, ed. and tr., Copenhaver, B. M., Cambridge/Massachusetts: Harvard University Press, 2022.

Giovanni Pico Della Mirandola, *Über das Seiende und das Eine-De ente et uno,* Heraus., übersetzt und kommnt. von P. R. Blum, G. Damschen, Lateinisch-Deutsch, Hamburg: Felix Meiner Verlag, 2006.

Gow, Andrew Colin, *Pico's Heptaplus and Biblical Hermeneutics*, ed., Leiden: Brill, 2006.

Harris, Jonathan, "Plato, Byzantium and the Italian Renaissance", *History Teaching Review Year Book*, vol. 19, 2005, pp. 1~19.

Hegel, G. W, F., *Vorlesungen über die Geschichte der Philosophie III*, Frankfurt am Main: Suhrkamp, 1986.

Howlett, Sophia, *Re-Evaluating Pico*, London: Palgrave Macmillan, 2021.

Ierodiakonou, K. ed., *Byzantine Philosophy and its Ancient Sources*, Oxford: Oxford University Press, 2002.

Kristeller, Paul O., *Giovanni Pico della Mirandola and his sources*, Firenze: Nella Sede Dell'Istituto, 1965

Kues, von Nikolaus, *Acta Cusana: Quellen zur Lebensgeschichte des Nikolaus von Kues,* eds. Erich Meuthen and Hermann Hallauer, Hamburg: Felix Meiner, 1983.

Kues. von Nikolaus, *Die belehrte Unwissenheit, Buch III, lateinisch-deutschen*, Hamburg: Felix Meiner, 1977.

Lagarde, Bernadette, "Le (de differentiis) de Pléthon d'après l'Autogrphe de la Marcienne", *Byzantion*, vol. 43, 1973.

Lohr, Charles H., "Renaissance Latin Aristotle Commentaries: Authors A-B", *Studies in the Renaissance*, vol. 21, Cambridge University Press, 1974, pp. 228~89.

Meuthen, Erich, *Nicholas of Cusa: A Sketch for a Biography*, Washington: Catholic University of America Press, 2010.

Monfasani, John, *George of Trebizondi: A Biography and a study of His Rhetoric and*

Logic, Leiden: Brill, 1976.
_____, "Marsilio Ficino and the Plato-Aristotle Controvery", *Marsilio Ficino: His Theology, his Philosophy, his Legacy*, Leiden: Brill, 2002, pp. 179~202.
Nicol, Donald M., *The Last Centuries of Byzantium, 1261-1453,* 2nd ed., Cambridge: Cambridge University Press, 1993.
Pico della Mirandola, Giovanni, *Conclusiones sive Theses DCCCC Romae anno 1486, publice disputandae, sed non admissae*, ed. Bohdan Kieszkowski, Geneva: Droz, 1973.
_____, *Dell'Ente e dell'Uno,* eds. and trans. Franco Bacchelli and Raphael Ebgi, Milan: Bompiani, 2010.
_____, *On the Dignity of Man*, Translated by Charles Glenn Wallis, Paul J. W. Miller, and Douglas Carmichael, Indianapolis: Hackett, 1998.
Pozzo, Riccardo, ed., *The Impact of Aristotelism on Modern Philosophy*, Washington D.C.: The Catholic University of America Press, 2004.
Plato, *Parmenides*, Oxford: Oxford University Press, 1901.
Plotinus, *Plotini Opera: Enneades IV-V*, eds. Paul Henry and Hans-Rudolf Schwyzer, vol. 2, Oxford: Oxford University Press, 1977.
Proclus, *Procli in Platnonis Parmenidem Commentaria*, ed. Carlos Steel, vol. 1, Oxford: Oxford University Press, 2007.
Purnell, Frederick, *Jacopo Mazzoni and His Comparison of Plato and Aristotle*, Columbia University, Ph.D., 1971.
Ruggiero, Guido De, *Storia della Filosofia, III, Rinascimento, Riforma e Controriforma*, Alessandria: Laterza, 1961.
Scholarius, *Œuvre Complètes de Georges Gennade Scholarios*, eds. Louis Petit, et al., vol. IV, Paris: Maison de la Bonne Press, 1935.
Schultze, Fritz, *Georgios Gemistos Plethon Und Seine Reformatorischen Bestrebungen*, Leipzig: Zentralantiquariat der DDR, 1975.
Thomas Aquinas, *Scriptum super Sententiis*, ed. Pierre Mandonnet, vol. 1, Paris: Sumptibus P. Lethielleux, 1929.
Toussaint, Stéphane, *L'esprit du Quattrocento: Pic de la Mirandole, Le De ente et uno et Réponses à Antonio Cittadini*, Paris: Honoré Champion, 1995.
Taylor, John W., *Georgius Gemistus Pletho's criticism of Plato and Aristotle*, Menasha: George Banta Publishing Company, 1921.
Wilson. Nigel G., *From Byzantium to Italy: Greek Studies in the Italian Renaissance*, 2nd ed., New York: Bloomsbury Academic, 2017.
Woodhouse, Cristopher M., *George Gemistos Plethon: The Last of the Hellens*, Oxford: Clarendon Press, 1986.

찾아보기

|ㄹ|

|ㅁ|

|ㅂ|

| ㅅ |

| ㅇ |

| ㅈ |

| ㅎ |